TRATADO SOBRE A LIBERDADE DA VONTADE

Dados Internacionais de Catalogação na Publicação (CIP)
(Câmara Brasileira do Livro, SP, Brasil)

Schopenhauer, Arthur, 1788-1860
   Tratado sobre a liberdade da vontade / Arthur Schopenhauer ; tradução de Milton Camargo Mota. – Petrópolis, RJ : Vozes, 2023.

Título original: *Preisschrift über die Freiheit des Willens*.
ISBN 978-85-326-6557-7

1. Ética (Moral filosófica) 2. Filosofia alemã 3. Liberdade (Filosofia) I. Título.

23-164018   CDD-170

Índices para catálogo sistemático:
1. Ética : Filosofia 170

Eliane de Freitas Leite – Bibliotecária – CRB 8/8415

ARTHUR SCHOPENHAUER
TRATADO SOBRE A LIBERDADE DA VONTADE

Tradução de Milton Camargo Mota

EDITORA VOZES

Petrópolis

Tradução do original em alemão intitulado *Preisschrift über die Freiheit des Willens* in: *Die beiden Grundprobleme der Ethik*

© desta tradução:
2023, Editora Vozes Ltda.
Rua Frei Luís, 100
25689-900 Petrópolis, RJ
www.vozes.com.br
Brasil

Todos os direitos reservados. Nenhuma parte desta obra poderá ser reproduzida ou transmitida por qualquer forma e/ou quaisquer meios (eletrônico ou mecânico, incluindo fotocópia e gravação) ou arquivada em qualquer sistema ou banco de dados sem permissão escrita da editora.

CONSELHO EDITORIAL

Diretor
Volney J. Berkenbrock

Editores
Aline dos Santos Carneiro
Edrian Josué Pasini
Marilac Loraine Oleniki
Welder Lancieri Marchini

Conselheiros
Elói Dionísio Piva
Francisco Morás
Gilberto Gonçalves Garcia
Ludovico Garmus
Teobaldo Heidemann

Secretário executivo
Leonardo A.R.T. dos Santos

Diagramação: Raquel Nascimento
Revisão gráfica: Anna Carolina Guimarães
Capa: Kaylane Candian

ISBN 978-85-326-6557-7

Este livro foi composto e impresso pela Editora Vozes Ltda.

Sumário

I. Definições de conceitos, 7

II. A vontade perante a autoconsciência, 23

III. A vontade perante a consciência de outras coisas, 41

IV. Predecessores, 94

V. Conclusão e consideração superior, 137

Apêndice – Como complemento da primeira seção, 149

TRATADO

SOBRE

A LIBERDADE DA VONTADE

Premiado pela Real Sociedade Norueguesa de Ciências, Drontheim, 26 de janeiro de 1839.

Motto:
La liberté est un mystère.

A questão formulada pela Real Sociedade é:
Num liberum hominum arbitrium e sui ipsius conscientia demonstrari potest?

Em tradução:
A liberdade da vontade humana pode ser provada a partir da autoconsciência?

I.
Definições de conceitos

Diante de uma questão tão importante, séria e difícil, que coincide essencialmente com um problema central para toda a filosofia da Idade Média e dos tempos modernos, faz-se oportuna grande precisão, como também, portanto, uma análise dos principais conceitos que ocorrem na questão.

1) O que significa liberdade? Considerado com exatidão, esse conceito é negativo. Por meio dele, pensamos somente na ausência de tudo o que impede e obstaculiza: este último, por outro lado, como manifestação de força, deve ser algo positivo. De acordo com a possível natureza desse obstáculo, o conceito de liberdade tem três subtipos muito diferentes: liberdade física, intelectual e moral.

a) A *liberdade física* é a ausência de obstáculos materiais de qualquer tipo, por isso dizemos: céu livre, visão livre, ar livre, campo livre, espaço livre, calor livre (que não é quimicamente ligado), eletricidade livre, fluxo livre de uma corrente, quando não é mais impedido por montanhas ou comportas etc. Até mesmo moradia livre, imprensa livre, cartas livres de portes postais, indicam a ausência das condições incômodas que costumam se anexar a essas coisas, como obstáculos ao desfrute. Mais frequentemente, porém, em nosso pensamento, o conceito de liberdade é o predicado dos seres animais, cuja peculiaridade é que seus movimentos emanam de *sua vontade*, são voluntários e, consequentemente, são chamados livres quando nenhum obstáculo material torna isso impossível. Como esses obstáculos podem ser de tipos muito diferentes, enquanto o que é impedido por eles é sempre a vontade, então, por uma questão de simplicidade, preferimos apreender o conceito pelo lado positivo e pensar, com ele, tudo o que se move apenas por sua vontade ou age apenas com base em sua vontade: essa inversão do conceito não muda essencialmente nada. Por conseguinte, neste sentido *físico* do conceito de liberdade, animais e pessoas são chamados livres quando suas ações não são obstaculizadas por laços, prisão, paralisia, ou seja, por nenhum empecilho físico, *material*, mas estas procedem de acordo com sua *vontade*.

Este *significado físico* do conceito de liberdade, e especialmente como predicado dos seres animais, é o originário, imediato e, portanto, o mais frequente; e justamente por isso ele, neste significado, não está sujeito a dúvidas ou controvérsias, mas pode sempre confirmar sua realidade por meio da experiência. Porque, tão logo um ser animal age apenas por sua *vontade*, ele é, nesse significado, *livre*: e aqui não se leva em consideração o que poderia ter influenciado sua vontade mesma. Pois neste seu significado originário, imediato e, portanto, popular, o conceito de liberdade refere-se apenas ao *poder agir*, isto é, refere-se justamente à ausência de obstáculos físicos às suas ações. Por isso se diz: o pássaro é livre no ar, a caça na floresta; o homem é livre por natureza; só quem é livre é feliz. Um povo também é chamado livre, no sentido de que é governado apenas de acordo com leis, mas leis que ele mesmo dá para si: pois, em tal caso, ele segue exclusivamente sua própria vontade. A liberdade política deve, portanto, ser incluída na liberdade física.

Mas assim que nos apartamos dessa liberdade *física* e consideramos as outras duas liberdades, não estamos mais lidando com o sentido popular, mas sim com um sentido *filosófico* do conceito, que, como se sabe, abre caminho para muitas dificuldades. Ele se divide em dois tipos inteiramente diferentes: liberdade intelectual e liberdade moral.

b) A liberdade intelectual, ὸ ἑκούσιον καὶ ἀκούσιον κατὰ διάνοιαν [o voluntário e o involuntário de acordo com o pensamento] em Aristóteles, é considerada aqui apenas para completar a classificação dos conceitos: vou me permitir, portanto, postergar sua discussão até o final deste tratado, em que os conceitos a serem empregados nela já terão encontrado sua explicação no que a precedeu, de modo que ela poderá ser tratada brevemente. Nesta classificação, porém, por estar diretamente relacionada à liberdade física, precisou ter seu lugar ao lado desta.

c) Volto-me, pois, para o terceiro tipo, a *liberdade moral*, que é, na verdade, o *liberum arbitrium* do qual fala a questão da Real Sociedade. Por um lado, este conceito está ligado ao de liberdade física, o que também torna compreensível sua origem, que é necessariamente muito posterior. Como já foi dito, a liberdade física diz respeito apenas aos obstáculos materiais, na ausência dos quais ela existe imediatamente. Porém, em alguns casos, notou-se que uma pessoa, sem ser impedida por obstáculos materiais, era impedida por simples motivos, como ameaças, promessas, perigos etc. de agir do modo como certamente teria sido de acordo com sua vontade. Daí se levantou a pergunta se tal pessoa ainda seria *livre*, ou se um forte contramotivo poderia, tanto quanto um obstáculo físico, impedir e impossibilitar a ação que estaria de acordo com sua vontade genuína. A resposta a isso não se configurou difícil para o senso comum: a saber, que um motivo nunca poderia ter o mesmo efeito que um obstáculo físico, na medida em que este excede facilmente a força física humana em geral, ao passo que um motivo nunca pode ser irresistível em si mesmo, nunca pode ter uma força incondicional, mas ainda pode ser sempre superado por um contramotivo mais forte, se este se apresentar e se a pessoa suposta nesse caso individual for determinável por ele. De fato, muitas vezes vemos que até mesmo o mais forte de todos os motivos, a preservação da vida, é superado por outros motivos, por exemplo, no suicídio e no sacrifício da vida pelos outros, por opiniões e por interesses diversos; e, inversamente, que todos os graus dos mais requintados tormentos na mesa de tortura foram, por vezes, superados pelo mero pensamento de que, em caso contrário, se perderia a vida. Mas mesmo que isso mostre claramente que os motivos não implicam uma coerção puramente objetiva e absoluta, ainda assim poderia lhes caber uma coerção subjetiva e relativa, precisamente para a pessoa do interessado, o que, no final das contas, vem a ser a mesma coisa. Então permaneceu a pergunta: a vontade mesma é livre? – Aqui, o conceito de liberdade, que até então só havia sido pensado em relação ao *poder*, foi posto em relação com o *querer*, o que suscitou o problema sobre se o querer mesmo é *livre*. Mas, em uma consideração mais rigorosa, o conceito originário, puramente empírico e, portanto, popular de liberdade é incapaz de aceitar essa conexão com o *querer*. Pois, segundo esse conceito, "livre" significa "de acordo com a vontade própria": então, quando perguntamos se a vontade é livre, estamos perguntando se a vontade está de acordo consigo mesma, algo que é autoevidente, mas que também não diz nada. De acordo com o conceito empírico de liberdade, dizemos: "Sou livre se posso *fazer o que quero*"; e aqui, com este "o que quero", a liberdade já está decidida. Mas agora, uma vez que estamos perguntando pela liberdade do querer, a pergunta consequentemente seria: "Também podes querer o que queres?" – dando a entender que querer depende de outro querer por trás dele. E supondo que a resposta à pergunta fosse afirmativa, logo surgiria a segunda: "Também podes *querer* o que queres querer?", e assim isso remontaria ao infinito, pois sempre estaríamos pensando *num* querer dependente de um anterior, ou mais profundo, e, por essa via, buscaríamos em vão finalmente alcançar um querer que teríamos de pensar e aceitar como dependente de nada mais. Mas se quiséssemos aceitar tal coisa, poderíamos muito bem admitir, para tal propósito, tanto o primeiro quanto o último termo arbitrário dessa série, o que remeteria a pergunta à simples formulação: "Podes querer?". Mas o que desejávamos saber, e permanece sem solução, é se a mera resposta afirmativa a essa questão decide a liberdade do querer. Portanto, o conceito originário e empírico de liberdade baseado no fazer se recusa a estabelecer um vínculo direto com o conceito de vontade. Por isso, para poder aplicar o conceito de liberdade à vontade, é preciso modificá-lo tornando-o mais abstrato. Isso será possível se entendermos o conceito de *liberdade* como ausência de toda *necessidade* em geral. Com isso, o conceito mantém o caráter negativo que eu lhe atribuí no início. Portanto, antes de tudo teremos de elucidar o conceito de necessidade, enquanto conceito *positivo* que dá ao conceito *negativo* seu significado.

Então perguntamos: o que significa *necessário*? A explicação usual, "necessário é aquilo cujo oposto é impossível, ou que não pode ser de outro modo", é uma mera explicação lexical, uma paráfrase do conceito, que não aumenta nosso conhecimento. Como explicação real, porém, apresento a seguinte: necessário é o *que se segue de uma razão suficiente dada*: proposição esta que, como toda definição correta, também pode ser invertida. Conforme esta razão suficiente seja lógica, ou matemática, ou física, chamada de causa, a necessidade será lógica (como a da conclusão, quando as premissas são dadas), matemática (por exemplo, a igualdade dos lados do triângulo, se os ângulos são iguais), ou física, real (como a ocorrência do efeito tão logo se apresenta a causa): mas, quando está dada a razão, a necessidade sempre se liga à consequência, com o mesmo rigor. É somente na medida em que apreendemos algo como consequência de uma razão dada que nós o reconhecemos como necessário; e, inversamente, tão logo conhecemos algo como consequência de uma razão suficiente, apreendemos que é necessário: pois todas as razões são vinculantes. Essa explicação real é tão adequada e exaustiva que necessidade e consequência de uma dada razão suficiente são conceitos intercambiáveis, isto é, um pode ser posto no lugar do outro em todas as ocasiões[1]. – De acordo com isso, a ausência de necessidade equivaleria à ausência de razão suficiente determinante. No entanto, o oposto do *necessário* é pensado como *contingente*, o que não conflita com nossa exposição aqui.

---

1. A explicação do conceito de necessidade encontra-se em meu tratado sobre o Princípio da razão, §. 49.

Tudo o que é contingente o é apenas relativamente. Pois no mundo real, único lugar onde se encontra o contingente, todo acontecimento é necessário em relação à sua causa: mas em relação a tudo o mais com o qual pode coincidir no espaço e no tempo, ele é *contingente*. Mas então o livre, visto que sua característica é a ausência de necessidade, deveria ser aquilo que simplesmente não depende de causa alguma e, portanto, ser definido como o *absolutamente contingente*: um conceito altamente problemático, que não creio ser possível sequer pensar, mas que, de uma estranha maneira, coincide com o de *liberdade*. Em todo caso, o livre permanece sendo o que não é necessário em relação a nada, o que não depende, portanto, de nenhuma razão. Ora, aplicado à vontade humana, este conceito significaria que uma vontade individual em suas manifestações (atos de vontade) não seria determinada por causas, ou razões suficientes em geral; pois, de outro modo, visto que a consequência de uma razão dada (seja de que tipo for) é sempre *necessária*, seus atos não seriam livres, mas necessários. Nisso repousa a definição de *Kant*, segundo a qual a liberdade é a capacidade de iniciar *por si mesmo* uma série de mudanças. Porque esse *por si mesmo*, quando reconduzido ao seu significado verdadeiro, tem o sentido de "sem causa precedente": mas isso é idêntico a "sem nenhuma necessidade". De modo que, embora essa definição dê ao conceito de liberdade à aparência de ser positivo, sua natureza negativa volta a surgir sob um exame mais acurado. – Uma vontade livre seria, então, aquela que não é determinada por nenhuma razão, e – como cada coisa que determina outra deve ser uma razão, e, quanto a coisas reais, uma razão real, ou seja, uma causa – uma vontade livre seria uma vontade que não é determinada por nada e cujas exteriorizações individuais (atos de vontade) deveriam proceder simples e originariamente da vontade mesma, sem serem produzidas necessariamente por condições prévias, ou seja, sem ser determinadas por nada, de acordo com regra alguma. Com esse conceito, nossa clareza de pensamento se obscurece, pois se deve aqui renunciar, em todos os seus significados, ao princípio da razão, que é a forma essencial de toda a nossa faculdade cognitiva. Contudo, não falta ao conceito um *terminus technicus*: é chamado *liberum arbitrium indifferentiae* [livre-arbítrio de indiferença]. Aliás, esse termo é o único claramente determinado, firme e decidido sobre o que é liberdade da vontade; por isso, não podemos nos afastar dele sem cair em explicações oscilantes e nebulosas, por trás das quais se oculta uma indeterminação hesitante, como quando se fala de razões que não produzem suas consequências necessariamente. Toda consequência de uma razão é necessária, e toda necessidade é consequência de uma razão. Da suposição de tal *liberum arbitrium indifferentiae*, extrai-se a próxima consequência, que caracteriza esse conceito mesmo e pode ser vista como sua peculiaridade, a saber, de que para um indivíduo dotado desse livre-arbítrio, sob circunstâncias exteriores totalmente individuais e determinadas, duas ações diametralmente opostas são igualmente possíveis.

2) O que significa autoconsciência? Resposta: a consciência de si mesmo, em oposição à consciência de outras coisas, que é a faculdade do conhecimento. Esta faculdade contém, antes que essas outras coisas ocorram nela, certas formas do modo e maneira dessa ocorrência, que são, portanto, condições da possibilidade de sua existência objetiva, isto é, de sua existência como objetos para nós: tais coisas são, como se sabe, tempo, espaço, causalidade. Embora essas formas de conhecimento se encontrem dentro de nós mesmos, isso é apenas para que possamos ser conscientes de *outras coisas* como tais e em relação geral a elas: portanto, mesmo que residam dentro de nós, não devemos ver essas formas como pertencentes à autoconsciência, mas antes como aquilo que torna possível a *consciência de outras coisas*, isto é, o conhecimento objetivo.

Além disso, não deixarei que o duplo sentido da palavra *conscientia* usada na questão me induza a incluir na autoconsciência os conhecidos impulsos morais do homem, designados pelo nome de consciência moral, e até mesmo de razão prática, com seus imperativos categóricos afirmados por Kant, em parte porque tais impulsos aparecem apenas como resultado da experiência e da reflexão, isto é, como resultado da consciência de outras coisas, em parte porque ainda não está traçada de maneira precisa e irrefutável a linha divisória entre o que neles pertence originária e propriamente à natureza humana e o que é acrescentado pela moral e a cultura religiosa. Além disso, provavelmente não é intenção da Real Sociedade trazer a consciência moral para dentro da autoconsciência e, assim, ver a transposição da questão para o terreno da moral e uma repetição da prova, ou melhor, do postulado moral da liberdade de Kant a partir de leis morais conhecidas, mediante a inferência "Podes porque deves".

Pelo que foi dito, fica claro que, de longe, a maior parte de toda a nossa consciência não é a *autoconsciência*, mas a *consciência* de outras coisas, ou a faculdade cognitiva. Esta faculdade é, com todas as suas forças, dirigida para fora e é o palco (e até mesmo, de um ponto de investigação mais profundo, a condição) do mundo exterior real, que ela, de início, apreende intuitivamente para depois, como que ruminando o que foi conquistado por essa via, elaborá-lo em conceitos, em cujas infinitas combinações, realizadas com o auxílio de palavras, consiste o *pensamento*. – Então, antes de tudo, a autoconsciência seria o que nos resta depois de subtrair essa maior parte de toda a nossa consciência. Disso já vemos que sua riqueza não pode ser grande: portanto, se os dados buscados para a prova da liberdade da vontade realmente residem na autoconsciência, podemos esperar que não nos escapem. Um *sentido interno*[2] também foi estabelecido como o órgão da autoconsciência, que, no entanto, deve ser tomado mais figurativamente do que no sentido real: pois a autoconsciência é imediata. Seja como for, nossa próxima pergunta é: o que a autoconsciência contém? Ou: como um ser humano se torna imediatamente consciente de si mesmo? Resposta: absolutamente como um ser que *quer*. Ao observar sua própria autoconsciência, cada um logo perceberá que seu objeto é sempre seu próprio querer. Evidentemente, com isso não devemos compreender apenas os decisivos atos de vontade que imediatamente se tornam realidade, e as decisões formais, juntamente com as ações delas decorrentes; mas quem é capaz de se apegar ao essencial, mesmo com várias modificações de grau e tipo, não hesitará em contar, também, entre as manifestações do querer todo desejar, esforçar-se, cobiçar, exigir, ansiar, esperar, amar, alegrar-se, jubilar e coisas semelhantes, não menos que o não querer ou resistir, e detestar, fugir, temer, irar-se, enlutar-se, padecer, enfim, todos os afetos e as paixões. Pois esses afetos e essas paixões são simplesmente movimentos mais ou menos fracos ou fortes, ora violentos e tempestuosos, ora tranquilos da vontade própria, que é ou inibida ou liberada, satisfeita ou insatisfeita, e todos eles se referem, em múltiplas ex-

---

2. Ele já pode ser encontrado em Cícero como *tactus interior*: Acad. quaest., IV, 7. Mais claramente em Agostinho, *De lib. arb.*, II, 3ss. Depois em Descartes: *Princ. Phil.*, IV, 190; e totalmente desenvolvido em Locke.

pressões, à obtenção ou não obtenção do que é querido, à tolerância ou superação do que é detestado: são, portanto, decisivas afeições da vontade mesma, que é ativa nas resoluções e nas ações[3]. Mas à vontade também pertence o que se chama de sentimentos de prazer e desprazer, que, embora existindo numa grande variedade de graus e tipos, sempre podem ser reduzidos a afeições de desejo ou aversão, ou seja, à vontade que se faz consciente de si mesma como satisfeita ou insatisfeita, impedida ou liberada: isso se estende até mesmo às sensações corporais, agradáveis ou dolorosas, e a todas as inúmeras sensações que se encontram entre esses dois polos. Pois a essência de todas essas afecções consiste em elas entrarem imediatamente na autoconsciência como algo de acordo com a vontade ou em oposição a ela. Em uma consideração mais precisa, estamos imediatamente conscientes até mesmo de nosso próprio corpo apenas como órgão da vontade que age para fora e como sede da receptividade para sen-

---

3. É digno de nota que o Padre da igreja Agostinho já tenha reconhecido isso perfeitamente, enquanto tantas pessoas modernas, com sua suposta "capacidade de sentir", não o veem. Em *de civit. Dei*, Lib. XIV, c. 6, ele fala das *affectionibus animi*, que no livro anterior ele classificou em quatro categorias – *cupiditas, timor, laetitia, tristitia* – e diz: voluntas est quippe in omnibus, imo omnes nihil aliud, quam voluntates sunt: nam quid est cupiditas et laetitia, nisi voluntas in eorum consensionem, quad volumus? et quid est metus atque tristitia, nisi voluntas in dissensionem ab his, quae nolumus? [A vontade está certamente em todas elas, ou melhor, todas elas não são mais do que vontades: pois o que são o desejo e a alegria senão a vontade no consentimento daquilo que queremos? E o que são medo e tristeza senão a vontade na desaprovação do que não queremos?]

sações agradáveis ou dolorosas que, no entanto, como se mencionou há pouco, são reduzidas a afeições totalmente imediatas da vontade, as quais estão de acordo com ela ou em oposição a ela. Em todo caso, incluamos ou não esses meros sentimentos de prazer ou desprazer, descobrimos que esses movimentos da vontade, essa alternância de querer e não querer, que, em seu fluxo e refluxo constantes, constituem o único objeto da autoconsciência, ou, se preferirmos, do sentido interior, estão em relação contínua e universalmente reconhecida com o que é percebido e conhecido no mundo exterior. Este último, por outro lado, não está mais, como dissemos, no domínio da autoconsciência imediata, a cujos limites, onde esta se esbarra com o domínio da *consciência de outras coisas*, chegamos tão logo tocamos o mundo exterior. Mas os objetos percebidos nesse mundo exterior são a substância e a causa de todos esses movimentos e atos da vontade. Isso não será interpretado como uma *petitio principii*, pois ninguém pode contestar que nosso querer sempre tem como objeto coisas externas, para as quais se volta, em torno das quais gira e as quais, como motivos, ao menos o incitam, pois, de outra forma, restaria apenas uma vontade completamente desvinculada do mundo exterior e aprisionada no interior escuro da autoconsciência. Por ora, ainda é problemática para nós apenas a necessidade com que essas coisas situadas no mundo exterior determinam os atos da vontade.

Assim, encontramos a autoconsciência muito intensamente, de fato, até mesmo exclusivamente, ocupada com a *vontade*. Agora nossa atenção se dedicará a investigar se a autoconsciência, nesse seu único material, encontra dados dos quais emergiria a liberdade precisamente dessa vontade, no único sentido claro e específico da palavra acima estabelecido; questão esta para a qual atentamos diretamente agora, depois de nos aproximarmos notavelmente dela, embora apenas girando ao seu redor.

II.
A vontade perante a autoconsciência

Quando um ser humano quer, então ele também quer alguma coisa: seu ato de vontade é sempre dirigido a um objeto e só pode ser pensado em relação a um objeto. O que significa querer algo? Significa: o ato da vontade, que inicialmente é apenas objeto da autoconsciência, surge por ocasião de algo que pertence à consciência de outras coisas, ou seja, é um objeto da faculdade cognitiva, objeto este que, nessa relação, é chamado *motivo* e, ao mesmo tempo, é o material do ato da vontade, na medida em que o ato da vontade se dirige a ele, isto é, visa a alguma mudança nele, e reage a ele: toda a sua essência consiste nessa *reação*. Isso já deixa claro que o ato de vontade não poderia ocorrer sem ele, já que lhe faltariam ocasião e material. Mas surge a questão de saber se, quando este objeto está presente para a faculdade cognitiva, o ato de vontade *deve* também ocorrer, ou se, antes, ele poderia estar ausente, ou ser completamente diferente, provavelmente até oposto; ou seja, se aquela reação poderia também não se produzir, ou, exatamente nas mesmas circunstâncias, ser diferente, até mesmo oposta. Em suma, isso significa: o ato da vontade é necessariamente provocado pelo motivo? Ou melhor, quando o motivo adentra a consciência, a vontade retém total liberdade para querer ou não querer? Aqui, então, o conceito de liberdade é tomado no sentido abstrato que foi acima discutido e se mostrou ser o único aplicável aqui, como mera negação da necessidade e, com isso, nosso problema fica definido. É, porém, na *autoconsciência* imediata que devemos buscar os dados para resolvê-lo e, para tal fim, examinaremos sua exposição com precisão, mas não cortaremos o nó mediante uma decisão sumária, como Descartes, que, sem mais, afirmou: *Liberatis autem et indifferentiae, quae in nobis est, nos ita conscios esse, ut nihil sit, quod evidentius et perfectius comprehendamus* (*Princ. phil.*, I, § 41.) [No entanto, estamos tão cônscios da liberdade e indiferença que existem em nós que não há nada que percebamos com mais clareza e perfeição.] A inadmissibilidade desta afirmação já foi criticada por Leibniz (*Theod.*, 1, § 50, e III, § 292), que neste ponto era, ele próprio, apenas um frágil caniço no vento e, após as mais contraditórias declarações, finalmente chegou à conclusão de que a vontade era de fato inclinada pelos motivos, mas não obrigada por eles. Pois ele diz: *Omnes actiones sunt determinatae, et nunquam indifferentes, quia semper datur ratio inclinans quidem, non tamen necessitans, ut sic potius, quam aliter fiat.* (Leibniz, *De libertate: Opera*, ed. Erdmann, p. 669.)

[Todas as ações são determinadas, e nunca indiferentes, porque há sempre uma razão que nos inclina, mas não nos obriga necessariamente a agir assim e não de outra forma.] Isso me fornece ensejo para observar que esse caminho intermediário entre as alternativas apresentadas acima não é sustentável e não se pode dizer, de acordo com certo favorecimento a meias medidas, que os motivos determinam a vontade apenas até certo ponto, que ela sofre sua influência, mas apenas até certo ponto, e então pode se desvencilhar dela. Pois, tão logo atribuamos causalidade a uma dada força, isto é, reconheçamos que ela é eficaz, então, no caso de qualquer resistência, será preciso apenas intensificar a força, proporcionalmente à resistência, e ela completará seu efeito. Quem não pode ser subornado com 10 ducados, mas hesita, será subornado com 100, e assim por diante.

Com nosso problema, voltamo-nos, portanto, para a *autoconsciência* imediata, no sentido que estabelecemos acima. Que informação essa autoconsciência nos fornece sobre aquela questão abstrata, a saber, sobre a aplicabilidade ou não do conceito de *necessidade* à ocorrência do ato da vontade após o motivo dado, isto é, apresentado ao intelecto? Ou sobre a possibilidade, ou impossibilidade, de sua ausência em tal caso? Nós nos acharíamos muito enganados se esperássemos dessa autoconsciência informações completas e profundas da causalidade em geral e da motivação em particular, bem como sobre a eventual necessidade que ambas trazem consigo; pois a autocons-

25

ciência, tal como é radicada em todos os homens, é uma coisa demasiado simples e limitada para ter voz sobre tais assuntos. Esses conceitos derivam, antes, do entendimento puro, que é dirigido para fora, e só podem ser debatidos diante do fórum da razão reflexiva. Por outro lado, essa autoconsciência natural, simples, até mesmo simplória, não consegue sequer entender a pergunta, muito menos respondê-la. Sua declaração sobre os atos de vontade, que todos podem escutar em seu próprio ser interior, quando despojada de tudo o que é estranho e inessencial e reduzida ao seu conteúdo puro, pode ser expressa assim: "Posso querer, e quando for querer uma ação, os membros móveis do meu corpo vão realizá-la imediatamente, enquanto eu simplesmente quiser, de modo totalmente inevitável". Isso significa, em resumo: "*Eu posso fazer o que quero*". A declaração da autoconsciência imediata não vai mais longe, por mais que a variemos, e não importa qual a forma em que coloquemos a questão. Sua afirmação sempre se refere, portanto, a *poder fazer segundo a vontade*: mas este é o conceito empírico, originário e popular de liberdade estabelecido logo no início, segundo o qual *livre* significa "de acordo com a vontade". A autoconsciência afirmará essa liberdade incondicionalmente. Mas não é por ela que estamos perguntando. A autoconsciência afirma a liberdade do *fazer* sob o pressuposto do *querer*: mas é a liberdade do *querer* que foi questionada. Isto é, estamos investigando a relação entre a própria vontade e o motivo: mas essa afirmação, "posso fazer o que quero", não contém nada a respeito. A dependência do nosso fazer, isto é, de nossas ações corporais, em relação à nossa vontade, que a autoconsciência efetivamente afirma, é algo bem diferente da independência de nossos atos de vontade em relação às circunstâncias externas, que constituiria a liberdade da vontade, mas sobre a qual a autoconsciência nada pode dizer por que ela se situa fora da esfera da autoconsciência. De fato, a liberdade da vontade concerne à relação causal entre o mundo exterior (que nos é dado como consciência de outras coisas) e nossas decisões, mas a autoconsciência não pode julgar a relação entre o que está inteiramente fora de seu domínio e o que está dentro dele. Pois nenhuma potência cognitiva pode estabelecer uma relação, quando um dos membros desta não pode de modo algum ser dado a ela. Obviamente, porém, os *objetos* do querer, que são precisamente os que determinam o ato de querer, encontram-se na consciência *de outras coisas*, fora dos limites da *autoconsciência*; o ato da vontade se encontra, ele próprio, *dentro* da consciência de outras coisas, e a questão que se levanta é a respeito da relação causal entre tais coisas e o ato da vontade. O único assunto da autoconsciência é o ato da vontade, juntamente com seu domínio absoluto sobre os membros do corpo, o que propriamente significa aquele "o que eu quero". É também apenas o uso desse domínio, isto é, a *ação*, que o etiqueta como um ato de vontade, até mesmo para a autoconsciência. Pois enquanto está em processo de tornar-se, ele é chamado de *desejo* e, quando pronto, é chamado de *decisão*; mas apenas a *ação* prova para a autoconsciência que ele é uma decisão, pois até chegar a ela, ele é alterável. E aqui já estamos na fonte principal daquela inegável ilusão, com base na qual o indivíduo ingênuo (isto é, filosoficamente inculto) pensa que, num caso dado, atos de vontade opostos lhe são possíveis, insistindo em sua autoconsciência, que, opina ele, afirma isso. Ele confunde desejar com querer. Ele pode desejar coisas opostas[4] ; mas só pode querer uma delas: e é também a que primeiramente revela à autoconsciência qual delas é. Mas a autoconsciência não pode conter nada sobre a férrea necessidade em virtude da qual, de dois desejos opostos, um e não o outro se torna ato de vontade e ação, justamente porque ela experimenta o resultado inteiramente *a posteriori*, mas não o conhece *a priori*. Desejos opostos, com seus motivos, sobem e descem diante dela, alternada e repetidamente: a respeito de cada um deles, ela diz que se tornará ação quando se tornar um ato de vontade. Pois esta última possibilidade puramente *subjetiva* está, de fato, presente com cada um deles e é justamente o "eu posso fazer o que quero". Mas essa possibilidade *subjetiva* é inteiramente hipotética: ela simplesmente diz "*se* eu quero isso, posso *fazê-lo*". Mas a determinação exigida para o querer não reside nisso, pois a autoconsciência contém meramente o querer, mas não as razões determinantes do querer, que estão na consciência

---

4. Cf. *Parerga*, vol. 2, § 327 da primeira edição (§ 339, da segunda).

de outras coisas, isto é, na faculdade cognitiva. Por outro lado, é a possibilidade *objetiva* que faz pender a balança: mas ela se encontra fora da autoconsciência, no mundo dos objetos, ao qual pertencem o motivo e o ser humano como objeto, sendo, portanto, alheia à autoconsciência e pertencendo à consciência de outras coisas. Aquela possibilidade *subjetiva* é da mesma espécie da possibilidade que tem a pedra de produzir faíscas, mas é condicionada pelo aço, ao qual se fixa a possibilidade *objetiva*. Voltarei a isso partindo do outro lado na seção seguinte, onde não mais consideraremos a vontade desde dentro, como fizemos aqui, mas de fora e, portanto, investigaremos a possibilidade *objetiva* do ato de vontade: então, depois de iluminado ambos os lados, o assunto ganhará total nitidez e também será elucidado por exemplos.

Assim, o sentimento do "posso fazer o que quero", que se encontra na autoconsciência, nos acompanha constantemente, mas apenas significa que as resoluções ou os decididos atos de nossa vontade, embora tenham origem nas profundezas escuras de nosso ser interior, sempre transitarão imediatamente para o mundo intuitivo, pois a este pertence nosso corpo, como tudo o mais. Essa consciência forma a ponte entre o mundo interior e o mundo exterior, os quais, não fosse por isso, permaneceriam separados por um abismo sem fundo, pois no mundo exterior haveria, como objetos, meras intuições independentes de nós de todos os modos, enquanto no interior haveria apenas atos de vontade infrutíferos e meramente sentidos. –

Se perguntássemos a um homem comum, ele expressaria essa consciência imediata, que tantas vezes é tomada por uma consciência de uma suposta liberdade de vontade, mais ou menos nos seguintes termos: "Posso fazer o que quero: se quero ir para a esquerda, vou para a esquerda: se quero ir para a direita, vou para a direita. Isso depende inteiramente da minha vontade: portanto, sou livre".

No entanto, esta afirmação é completamente verdadeira e correta, só que nela a vontade já se encontra no pressuposto, pois supõe que a vontade já decidiu: portanto, nada pode ser concluído a respeito de sua própria condição de ser livre. Pois tal afirmação não fala de modo algum da dependência ou independência da *ocorrência* do ato da vontade mesmo, mas apenas das *consequências* desse ato tão logo ele ocorre, ou, para dizer com mais exatidão, de sua inevitável manifestação como uma ação do corpo. É somente a consciência na base dessa afirmação que permite ao homem ingênuo, filosoficamente inculto, que ao mesmo tempo pode ser grande perito em outras áreas, considerar a liberdade da vontade algo tão imediatamente certo que ele a expressa como uma verdade indubitável e não pode realmente acreditar que os filósofos duvidem seriamente dela. Ao contrário, em seu coração ele pensa que toda a conversa sobre isso é mera prática de esgrima da dialética escolástica e, no fundo, uma diversão. Mas justamente porque a certeza dada por essa consciência, que é certamente importante, lhe está sempre tão à mão, e também porque o homem, como ser primária e essencialmente prático, e não teórico, é sempre mais consciente do lado ativo de seus atos de vontade, isto é, de sua eficácia, do que do *passivo*, isto é, de sua dependência: justamente por isso é difícil tornar o real significado de nosso problema compreensível para a pessoa filosoficamente inculta e levá-la a entender que a questão agora não é sobre as *consequências*, mas sobre as *razões* de qualquer querer seu; que seu fazer depende, de fato, inteiramente de sua vontade, mas que agora exigimos saber de que depende seu *querer mesmo*, se de nada ou de alguma coisa; que ele certamente pode *fazer* uma coisa se quiser, e muito bem *fazer* outra se quiser: mas que agora ele deve refletir se é capaz de *querer* tanto uma quanto a outra. Com esta intenção, suponha-se que formulemos a pergunta à pessoa da seguinte maneira: "Dos desejos opostos que surgiram dentro de ti, podes realmente dar seguimento tanto a um deles como ao outro? Por exemplo, na escolha entre dois objetos de posse mutuamente exclusivos, também podes preferir tanto a um quanto ao outro?" Então ele dirá: "Talvez a escolha possa ser difícil para mim, mas sempre dependerá inteiramente de mim se *quero* escolher um ou outro, e de nenhum outro poder: pois tenho total liberdade de escolher qual eu *quero*, e nisto seguirei sempre apenas minha *vontade*". – Se alguém disser agora: "Mas teu próprio querer, de que depende ele?", o homem responderá com base na autoconsciência: "De nada senão de mim! Posso querer o que quero: o que quero, eu o quero". – E ele diz a última frase sem o propósito de dizer uma tautologia, nem mesmo, em sua consciência mais íntima, de apoiar-se no princípio de identidade, somente em virtude do qual a sua frase é verdadeira. Em vez disso, pressionado ao extremo aqui, ele fala de um querer de seu querer, que é como se estivesse falando de um eu de seu eu. Nós o reconduzimos ao cerne de sua autoconsciência, onde ele encontra seu eu e sua vontade como indistinguíveis, mas não sobra nada para julgar a ambos. Indagar se, naquela escolha, seu *próprio querer* uma coisa e não outra, quando sua pessoa e os objetos de sua escolha são aqui assumidos como dados, poderia também ter um resultado diferente do que resulta finalmente; ou se, a partir dos dados há pouco assumidos, seu querer é tão necessariamente estabelecido quanto o fato de que o maior lado no triângulo defronta o ângulo maior – essa é uma questão que está tão afastada da *autoconsciência* natural que ela não pode sequer compreendê-la, muito menos trazer dentro de si a resposta pronta, nem mesmo apenas como germe por desenvolver, que ela precisaria apenas emitir ingenuamente. – Assim, a pessoa sem preconceitos, mas filosoficamente inculta, sempre tentará, diante da perplexidade que a pergunta deve provocar quando realmente compreendida, fugir para trás dessa imediata certeza presente em "o que quero, posso fazer, e quero o que quero", como dito acima. Ela tentará isso repetidamente, incontáveis vezes; de modo que será difícil fazê-la deter-se diante da questão real, da qual está sempre tentando escapar. E não a culpemos por isso, pois a questão é, de fato, demasiado inquietante. Com sua mão inquisitiva, ela toca na essência mais interna do homem: ela quer saber se ele constitui uma exceção a toda a natureza ou se ele também, como tudo no mundo, é um ser decidido de uma vez por todas por sua própria constituição, um ser que, como qualquer outro na natureza, tem suas propriedades fixas, persistentes, das quais suas reações às ocasiões externas que se apresentam emergem necessariamente. Reações, portanto, que carregam um caráter que nesse aspecto é imutável; e, consequentemente, no que pode ser modificável nelas, estão completamente à mercê da determinação por ocasiões externas. Se finalmente conseguimos fazer esse homem se deter diante dessa questão inquietante e deixar-lhe claro que a investigação é sobre a origem de seus próprios atos de vontade, sobre a possível regra ou total falta de regras de sua ocorrência, descobriremos que a autoconsciência imediata não contém nenhuma informação sobre isso.

Aqui, o homem sem preconceitos se desvia dela e revela sua perplexidade mediante reflexão e todos os tipos de tentativas de explicação, cujas razões ele tenta extrair seja da experiência que teve em si mesmo e nos outros, seja das regras gerais do entendimento; mas, com a incerteza e a vacilação de suas explicações, ele mostra suficientemente que sua autoconsciência imediata não fornece nenhuma informação sobre a questão agora corretamente compreendida, ao passo que um pouco antes ela prontamente a forneceu para a pergunta erroneamente compreendida. Isso se deve, em última análise, ao fato de que a vontade da pessoa é seu próprio *eu*, o cerne verdadeiro de seu ser: por isso, ela constitui o fundamento de sua consciência, como algo simplesmente dado e presente, além do qual ele não pode ir. Porque ele mesmo é como quer, e quer como ele é. Por isso, perguntar-lhe se ele também poderia querer diferentemente do que ele quer é perguntar-lhe se ele também poderia ser outro que não ele mesmo: e ele não sabe disso. Pela mesma razão, o filósofo, que só difere desta primeira pessoa pela prática, deve, se quiser obter clareza nesta difícil questão, recorrer, como última e única instância competente, ao seu entendimento, que fornece conhecimentos *a priori*; à razão, que reflete sobre eles, e à experiência, que lhe apresenta seu fazer e o fazer de outros para interpretação e controle daquele conhecimento do entendimento. A decisão mediante tal instância não será tão fácil, tão direta e simples quanto a da autoconsciência, mas será relevante e suficiente. É a cabeça que formulou a questão, e ela também deve respondê-la.

Aliás, não deve nos surpreender que a autoconsciência imediata não tenha resposta para essa pergunta abstrusa, especulativa, difícil e inquietante. Porque a autoconsciência é uma parte muito limitada de nossa consciência total, que, escura em seu interior, é dirigida completamente para fora com todos os seus poderes cognitivos objetivos. Todos os seus conhecimentos perfeitamente seguros, ou seja, aqueles conhecidos *a priori*, dizem respeito apenas ao mundo exterior, e aí ela pode decidir com certeza, de acordo com certas leis gerais enraizadas em si mesma, o que é possível lá fora, o que é impossível, o que é necessário; e, por essa via, ela dá origem *a priori* à matemática pura, à lógica pura, e até mesmo aos fundamentos da ciência natural pura. Primeiramente, a aplicação de suas formas conhecidas *a priori* aos dados apresentados à percepção sensorial fornece-lhe o mundo externo intuitivo, real e, portanto, a experiência: além disso, a aplicação da lógica e da capacidade de pensamento que lhe é subjacente ao mundo externo fornecerá os conceitos, o mundo dos pensamentos, e, com isso, por sua vez, assim, as ciências, seus feitos etc. *Ali fora*, portanto, encontra-se grande brilho e clareza diante de seu olhar. Mas dentro é escuro, como um telescópio bem enegrecido: nenhum princípio *a priori* ilumina a noite de seu próprio interior; ao contrário, esses faróis irradiam apenas para fora. Como explicado acima, nada está presente perante o assim chamado sentido interno, a não ser a própria vontade, a cujos movimentos todos os chamados sentimentos internos também podem realmente ser reduzidos. No entanto, tudo o que essa percepção interna da vontade produz reduz-se, como mostrado acima, ao querer e ao não querer, junto com a elogiada certeza "o que quero, eu posso fazê-lo", que realmente significa: "Cada ato de minha vontade eu o vejo imediatamente (de uma maneira completamente incompreensível para mim) como uma ação do meu corpo" – o que, estritamente falando, é uma proposição empírica para o sujeito cognoscente. Nada além disso pode ser encontrado aqui. O tribunal é, portanto, incompetente para a questão levantada: de fato, ela não pode, em seu verdadeiro sentido, ser trazida à sua presença, pois ele não a compreende.

Agora, resumirei mais uma vez, de maneira mais breve e fácil, a resposta que obtivemos para a questão feita à autoconsciência. A *autoconsciência* de cada um diz claramente que ele pode fazer o que quer. No entanto, como ações inteiramente opostas agora podem ser pensadas como *queridas* por ele, segue-se que ele também *pode fazer* o contrário, *se quiser*. Mas o entendimento rude confunde isso com o fato de que, em um caso dado, ele também *possa* querer o contrário, e chama isso de *liberdade de vontade*. No entanto, que ele pode, num caso dado, *querer* coisas opostas não está contido na afirmação anterior, mas apenas que, de duas ações opostas, se ele *quer esta* pode fazê-la, e se *quer aquela* pode fazê-la também: mas se ele poderia *querer* tanto uma como no caso dado permanece sem resolução por essa via e é o objeto de um exame mais aprofundado do que aquele que pode ser decidido pela mera autoconsciência. A fórmula mais curta, embora escolástica, para esse resultado seria: a afirmação da autoconsciência diz respeito à vontade apenas *a parte post*; a questão sobre a liberdade, por outro lado, diz respeito à vontade *a parte ante*. –

Portanto, aquela inegável afirmação da autoconsciência "posso fazer o que quero" não contém e nada decide sobre a liberdade da vontade, a qual consistiria em que nenhum ato da vontade em si, no caso individual, ou seja, com um dado caráter individual, não seria determinado necessariamente pelas circunstâncias externas em que essa pessoa se encontra, mas poderia agora ter tanto um resultado quanto outro. Mas a autoconsciência permanece completamente silenciosa sobre isso: pois a matéria está inteiramente fora de sua esfera, pois repousa na relação causal entre o mundo exterior e o ser humano. Se perguntarmos a uma pessoa de entendimento são, mas desprovida de educação filosófica, em que consiste a liberdade da vontade, que ela afirma tão prontamente com base em sua autoconsciência –, ela responderá: "No fato de que posso fazer o que quero, contanto que não haja um obstáculo *físico*". Então ela está sempre falando da relação entre seu *fazer* e seu *querer*. Mas, como mostrado no primeiro capítulo, isso ainda é apenas liberdade *física*. Se ainda lhe perguntarmos se ela pode, no caso dado, *querer* tanto uma coisa quanto seu oposto, ela, em seu primeiro ímpeto, certamente dirá que sim, mas tão logo comece a entender o significado da pergunta, também começará a mostrar hesitação, finalmente cairá na incerteza e na confusão e, a partir disso, preferirá se refugiar atrás de seu tema "Posso fazer o que quero" e entrincheirar-se ali contra todas as razões e todo raciocínio. Mas a resposta correta a seu tema, como espero deixar fora de qualquer dúvida no capítulo seguinte, seria: "Podes *fazer* o que *queres*, mas, em cada momento dado de sua vida, podes *querer* apenas uma coisa determinada e absolutamente nada mais além desta".

A discussão contida neste capítulo já deve ter dado uma resposta à questão da Real Sociedade, e, por certo, uma resposta negativa; mas apenas no que tange ao ponto principal, já que esta exposição do estado de coisas da autoconsciência também receberá algum aperfeiçoamento no que se segue. Mas, até mesmo para nossa resposta negativa há, em *um* caso, outra comprovação. Pois, se nos dirigirmos agora com a questão para aquela autoridade à qual anteriormente nos referimos como a única competente, a saber, ao entendimento puro, à razão que reflete sobre os dados deste entendimento e à experiência que se segue de ambos, e se a decisão destes mostrasse que absolutamente não existe um *liberum arbitrium*, mas sim que a ação humana, como tudo na natureza, ocorre em cada caso dado como um efeito necessário, então isso nos daria a certeza ainda de que na autoconsciência imediata *não podem sequer residir os dados* a partir dos quais se poderia demonstrar a existência do *liberum arbitrium* pelo qual se pergunta. Com isso, por meio da inferência *a non posse ad non esse*, que é a única maneira possível de estabelecer *a priori* verdades *negativas*, nossa decisão receberia uma fundamentação racional, além daquela empírica apresentada até agora, e então estaria duplamente assegurada. Pois uma nítida contradição entre as afirmações imediatas da autoconsciência e os resultados dos princípios fundamentais do entendimento puro, juntamente com sua aplicação à experiência, não deve ser aceita como possível: tal autoconsciência enganadora não pode ser nossa. A esse propósito, deve-se notar que nem mesmo a suposta antinomia sobre esse tema formulada por *Kant* não deveria decorrer, nem nele mesmo, do fato de tese e antítese procederem de diferentes fontes de conhecimento, uma de enunciados da autoconsciência, a outra da razão e da experiência; ao contrário, tese e antítese argumentam, ambas, segundo razões supostamente objetivas, embora a tese não se baseie em nada além da razão preguiçosa, isto é, na necessidade de deter-se em algum ponto no regresso, enquanto a antítese tem para si razões realmente objetivas.

Esta investigação *indireta*, a ser realizada agora no campo da faculdade cognitiva e do mundo exterior que a defronta, ao mesmo tempo lançará muita luz sobre a investigação *direta* realizada até este momento e servirá, assim, para complementá-la, ao desvelar os enganos naturais que resultam da falsa interpretação daquela afirmação extremamente simples da autoconsciência, quando esta entra em conflito com a consciência de outras coisas, que é a faculdade do conhecimento e está enraizada no mesmo sujeito dotado da autoconsciência. De fato, somente ao final desta investigação indireta nos despontará alguma luz sobre o verdadeiro significado e conteúdo desse "eu quero" que acompanha todas as nossas ações, e sobre a consciência da originariedade e autonomia em virtude das quais elas são *nossas* ações; e, com isso, a investigação direta conduzida até este ponto será, por fim, completada.

III.
A vontade perante a consciência de outras coisas

Se agora nos voltamos, com nosso problema, para a faculdade cognitiva, sabemos de antemão que, como essa faculdade é essencialmente dirigida para fora, a vontade não pode ser objeto de percepção imediata para ela, como o foi para a autoconsciência, que, todavia, se revelou incompetente em nosso tema. Também sabemos que aqui só podem ser considerados os *seres* dotados de vontade que estão presentes perante a faculdade de conhecer como fenômenos objetivos e externos, isto é, como objetos da experiência; e agora devem ser examinados e julgados como tais, em parte de acordo com regras gerais, certas *a priori* e fixas para a experiência em geral, de acordo com sua possibilidade, e em parte de acordo com os fatos que a experiência acabada e realmente presente proporciona. Assim, não estamos mais lidando, como antes, com a *vontade* mesma, pois ela só se manifesta para o sentido interno, mas com *seres movidos pela vontade*, que são objetos do sentido externo. Mesmo que isso nos ponha na desvantagem de ter de olhar para o objeto real de nossa pesquisa apenas indiretamente e de uma distância maior, ela é superada pela vantagem de que agora podemos usar em nossa investigação um órgão muito mais perfeito do que a obscura, embotada e unilateral autoconsciência, o chamado sentido interno: a saber, o *entendimento*, equipado com todos os sentidos externos e todos os poderes para a apreensão *objetiva*.

Como a forma mais geral e fundamental desse entendimento encontramos a *lei da causalidade*, pois somente por sua mediação se dá a intuição do mundo exterior real. Na intuição, apreendemos as afecções e as mudanças sentidas em nosso corpo imediata e diretamente como "efeitos" e (sem orientação, instrução e experiência) realizamos instantaneamente a transição deles para suas "*causas*", que agora, justamente por esse processo intelectual, se apresentam como *objetos no espaço*[5]. Disso fica irrefutavelmente claro que a *lei da causalidade* nos é conhecida *a priori*, consequentemente como algo *necessário* em relação à possibilidade de toda experiência em geral, sem precisarmos da prova indireta, difícil, até mesmo insuficiente que Kant ofereceu para essa importante verdade. A lei da causalidade permanece vigente *a priori* como a regra geral à qual todos os objetos reais no mundo externo estão submetidos, sem exceção. Ela deve esta falta de exceção

---

5. A exposição minuciosa dessa doutrina se encontra no *Tratado sobre o princípio da razão*, § 21.

precisamente à sua *aprioridade*. A lei se refere essencial e exclusivamente a *mudanças*, e diz que onde quer que e sempre que, no mundo objetivo, real, material, qualquer coisa, grande ou pequena, *muda*, muito ou pouco, então necessariamente alguma outra coisa deve ter *mudado* pouco antes, e para que ela tenha mudado, outra coisa antes dela também deve ter mudado, e assim até o infinito, sem que nunca se possa avistar, nem mesmo pensar como possível, muito menos pressupor algum ponto de partida dessa série regressiva de mudanças, que preenche o tempo, tal como a matéria preenche o espaço. Pois a pergunta que se autorrenova incansavelmente – "o que provocou essa mudança?" – nunca concede ao entendimento um ponto final de descanso, por mais que ele possa se cansar: por isso, uma causa primeira é tão impensável quanto um início do tempo ou um limite do espaço. – A lei da causalidade não afirma nada menos que quando a mudança anterior – a causa – ocorreu, a posterior provocada por ela – o efeito – deve ocorrer inevitavelmente e, portanto, se segue *necessariamente*. Mediante esse caráter de *necessidade*, a lei de causalidade mostra ser uma forma do *princípio de razão*, que é a forma mais geral de toda a nossa faculdade cognitiva total e que, assim como se apresenta no mundo real como causalidade, também no mundo do pensamento se manifesta como uma lei lógica da razão do conhecimento, e também no espaço vazio, mas intuído *a priori*, como lei da interdependência estritamente necessária das posições de todas as partes;

demonstrar especial e detalhadamente tal dependência necessária é o único tema da geometria. Portanto, como expliquei no início, *ser necessário* e *ser consequência de uma razão dada* são conceitos intercambiáveis.

Todas as *mudanças* que ocorrem nos objetos que se encontram no mundo externo real estão, portanto, sujeitas à lei da causalidade e, por conseguinte, ocorrem como *necessárias* e inevitáveis quando e onde quer que ocorram. – Não pode haver exceção a isso, pois a regra vale *a priori* para todas as possibilidades da experiência. Mas no que diz respeito à sua *aplicação* a um caso dado, a única questão a fazer é se nele se trata de uma *mudança* num objeto real dado na experiência externa: enquanto é assim, suas mudanças estão sujeitas à aplicação da lei da causalidade, isto é, devem ser produzidas por uma causa e, justamente por isso, devem ser produzidas de maneira necessária.

Se agora – com nossa regra geral, certa *a priori* e, portanto, válida para toda experiência possível sem exceção –, nos aproximamos mais desta experiência mesma e consideramos os objetos reais dados nela, a cujas mudanças nossa regra se refere, logo notamos nesses objetos algumas diferenças principais bastante profundas, de acordo com as quais eles há muito são classificados: a saber, tais objetos são em parte inorgânicos, isto é, inanimados, e em parte orgânicos, isto é, vivos, os quais, por sua vez, são em parte plantas, em parte animais. Encontramos estes últimos, embora essencialmente semelhantes entre si e correspondentes ao seu conceito, numa sequência de graus de perfeição extremamente variada e sutilmente matizada, desde aqueles que ainda são quase aparentados com as plantas, difíceis de distinguir delas, até os mais perfeitos, que correspondem plenamente ao conceito de animal: no ápice dessa sequência de graus, vemos o ser humano – nós mesmos.

Se agora, sem nos deixarmos enganar por essa diversidade, considerarmos todos esses seres apenas como objetos reais e objetivos da experiência, e avançarmos, de acordo com isso, para a aplicação de nossa lei da causalidade (certa *a priori* para a possibilidade de toda experiência) às mudanças que podem estar ocorrendo em tais seres, constataremos que a experiência, de fato, em toda parte se realiza de acordo com a lei certa *a priori*; no entanto, à grande *diversidade* na natureza de todos esses objetos da experiência também corresponde a uma adequada modificação na maneira como a causalidade prevalece sobre eles. Mais precisamente: em correspondência com a tríplice diferença entre corpos inorgânicos, plantas e animais, a causalidade que governa todas as suas mudanças aparece também em três formas, a saber, como causa no sentido mais estrito da palavra, ou como *estímulo*, ou *motivação* – sem que essa modificação prejudique minimamente sua validade *a priori* e, consequentemente, a necessidade do efeito que essa validade estabelece.

A *causa* no sentido mais estrito da palavra é aquela em virtude da qual ocorrem todas as mudanças mecânicas, físicas e químicas dos objetos da experiência. É caracterizada em todos os lugares por dois traços: em primeiro lugar, pelo fato de que a ela se aplica a terceira lei básica de Newton, "ação e reação são iguais": isto é, o estado anterior, que é chamado de causa, sofre uma mudança igual à mudança do estado seguinte, que se chama efeito. – Em segundo, que, de acordo com a segunda lei de Newton, o grau do efeito é sempre exatamente proporcional ao grau da causa; consequentemente uma intensificação desta também provoca uma intensificação igual daquele; de modo que, uma vez conhecido o tipo de ação, a partir do grau de intensidade da causa pode-se imediatamente conhecer, medir e calcular o grau do efeito e vice-versa. Na aplicação empírica desta segunda característica, não devemos, porém, confundir o efeito genuíno com sua aparência visível. Por exemplo, não se deve esperar que, na compressão de um corpo, seu tamanho sempre diminuirá, proporcionalmente ao aumento da força de compressão. Pois o espaço para dentro do qual o corpo é forçado fica sempre mais estreito e, consequentemente, a resistência aumenta: e, ainda que aqui o efeito genuíno, que é a compressão, realmente aumente na proporção da causa, como diz a lei de Mariotte, isso não deve ser entendido a partir de sua aparência visível. Além disso, o calor fornecido à água causará aquecimento até certo grau, mas além desse grau apenas evaporação rápida: nesta ocorre novamente a mesma relação entre o grau de causa e o grau de efeito, como se dá em muitos casos. São essas *causas no sentido mais estrito* que originam as mudanças em todos os corpos *inanimados*, isto é, *inorgânicos*. O conhecimento e a suposição de causas desse tipo regem a consideração de todas as mudanças que são objeto da mecânica, hidrodinâmica, física e química. O ser determinado exclusivamente por causas desse tipo é, portanto, a característica genuína e essencial de um corpo inorgânico ou inanimado.

O segundo tipo de causas é o *estímulo*, isto é, aquela causa que, em primeiro lugar, não sofre *nenhuma* reação em proporção à sua influência; e, em segundo lugar, não há absolutamente nenhuma proporcionalidade entre sua intensidade e a intensidade do efeito. Consequentemente, o grau do efeito não pode aqui ser medido e determinado de antemão de acordo com o grau da causa: ao contrário, um pequeno aumento no estímulo pode causar um aumento enorme no efeito, ou, inversamente, suprimir o efeito anterior por completo ou, até mesmo, produzir um oposto. Por exemplo, sabe-se que as plantas podem ser levadas a um crescimento extraordinariamente rápido pelo calor ou pela mistura de cal à terra, na medida em que essas causas atuam como estímulos à sua força vital: mas se o grau apropriado de estímulo é levemente excedido, o resultado será, ao invés de vida aumentada e acelerada, a morte da planta. Da mesma forma, podemos usar vinho ou ópio para instigar e elevar consideravelmente nossos poderes mentais: mas se a medida certa do estímulo for excedida, o resultado será exatamente o oposto. – São causas desse tipo, isto é, *estímulos*, que determinam todas as mudanças nos organismos *como tais*. Todas as mudanças e desenvolvimentos nas plantas, e todas as mudanças puramente orgânicas e vegetativas, ou funções, dos corpos dos animais ocorrem em resposta a *estímulos*. É desse modo que luz, calor, ar, nutrição, toda droga, todo toque, fertilização etc. atuam sobre eles. – Enquanto a vida dos animais tem uma esfera completamente diferente, da qual falarei em breve, toda a vida das *plantas*, por outro lado, procede exclusivamente de acordo com *estímulos*. Toda sua assimilação, crescimento, tendência da corola em direção da luz, com as raízes para um solo melhor, sua fertilização, germinação etc. são mudança a partir de *estímulos*. No caso de algumas espécies, há também um movimento rápido peculiar, que também ocorre apenas em resposta a estímulos, razão pela qual são chamadas de plantas sensitivas. Como se sabe, estas são principalmente a *Mimosa pudica*, o *Hedysarum gyrans* e a *Dionaea muscipula*. O ser determinado exclusivamente e sem exceção por estímulos é o caráter da planta. Consequentemente, uma *planta* é todo corpo cujos movimentos e mudanças peculiares, apropriados à sua natureza, ocorrem sempre e exclusivamente à base de *estímulos*.

O terceiro tipo de causas motoras é o que marca o caráter dos animais: a *motivação*, isto é, a causalidade que passa pela *cognição*. Na sucessão de níveis dos seres naturais, ela ocorre no ponto em que o ser mais complexo e, portanto, possuidor de necessidades múltiplas não pode mais satisfazê-las apenas por ocasião do estímulo, que deve ser aguardado; ao contrário, ele tem de estar em condição de escolher, adotar e até mesmo buscar os meios de satisfação. Portanto, em seres deste tipo, em vez da mera receptividade a estímulos e do movimento subsequente a eles, ocorre a receptividade a *motivos*, isto é, uma faculdade de representação, um intelecto, em inúmeros graus de perfeição, que materialmente se apresenta como sistema nervoso e cérebro, e com ela justamente se apresenta a consciência. Sabe-se que a vida animal tem, em sua base, uma vida vegetal, que como tal procede apenas em resposta a estímulos. Mas todos os movimentos que o *animal* executa como animal, e que, precisamente por isso, dependem do que a fisiologia chama de *funções animais*, ocorrem em consequência de um objeto reconhecido, isto é, ocorrem à *base de motivos*. De acordo com isso, um *animal* é todo corpo cujos movimentos e mudanças externos peculiares e apropriados à sua natureza são sempre subsequentes a *motivos*, isto é, a certas representações presentes à sua consciência já pressuposta. Por mais infinitas gradações que a capacidade de representação e, com ela, a consciência possam ter na série dos animais, existe em cada um destes o suficiente para que o motivo se lhe apresente e ocasione seu movimento. Desse modo, a força motriz interna, cuja expressão individual é provocada pelo motivo, revela-se à autoconsciência agora existente como aquilo que nós designamos com a palavra *vontade*.

Ora, nem mesmo para observação externa, que é nosso ponto de vista aqui, pode haver dúvida sobre se um determinado corpo se move em resposta a estímulos ou a motivos, tão evidentemente diferente é o modo de atuação de um estímulo do modo de atuação de um motivo. O estímulo sempre atua por contato direto, ou mesmo por intussuscepção, e até mesmo onde isso não é visível, como quando o estímulo é o ar, a luz, o calor, ele se revela pelo fato de o efeito ter uma relação inequívoca com a duração e a intensidade do estímulo, ainda que essa relação não permaneça igual em todos os graus do estímulo. Por outro lado, onde um *motivo* causa o movimento, todas essas diferenças desaparecem por completo. Pois aqui o meio genuíno e mais próximo de influência não é a atmosfera, mas apenas o *conhecimento*. O objeto que atua como motivo não precisa de absolutamente nada mais do que *ser percebido*, *conhecido*, não importando por quanto tempo ele veio à percepção, se de perto ou longe, e com que clareza. Todas essas diferenças não alteram em nada o grau do efeito aqui: uma vez percebido, o motivo atua exatamente da mesma maneira, pressupondo que seja, em geral, um fator determinante da vontade a ser excitada aqui. Pois também as causas físicas e químicas, assim como os estímulos, só têm efeito se o corpo a ser afetado é receptivo a eles. Há pouco, eu disse "vontade a ser excitada aqui": pois, como já foi mencionado, o que realmente confere ao motivo a força de atuar, a mola secreta do movimento que ele suscita, revela-se aqui ao próprio ser, interna e imediatamente, como aquilo que a palavra *vontade* designa. No caso de corpos que se movem exclusivamente por estímulos (plantas), chamamos essa persistente condição interna de força vital; no caso de corpos que simplesmente se movem por causas no sentido mais estrito, nós a chamamos força natural, ou qualidade: ela é sempre pressuposta por explicações como o inexplicável, porque aqui não há no interior do ser nenhuma autoconsciência à qual ela seria imediatamente acessível.

Mas perguntar se essa condição interna de sua reação às causas externas, radicada em tais seres sem cognição, até mesmo sem vida, seria – se partíssemos do fenômeno em geral e quiséssemos investigar o que *Kant* chama coisa em si – idêntica em sua essência ao que chamamos *vontade* em nós, como um filósofo recente realmente nos quis demonstrar: deixo tal pergunta em aberto, mas sem querer contradizê-la diretamente[6].

Por outro lado, não posso deixar de discutir a diferença que, no caso da motivação, produz o que distingue a consciência humana frente a qualquer consciência animal. Isso que a palavra *razão* propriamente designa consiste no fato de que o homem não é, como o animal, apenas capaz de uma apreensão *intuitiva* do mundo exterior, mas é capaz de abstrair dela conceitos gerais (*notiones universales*), que ele, para fixar e conservá-los em sua

---

6. Subentende-se que aqui estou me referindo a mim mesmo e que não poderia falar na primeira pessoa apenas pelo incógnito exigido.

consciência sensível, designa com palavras e realiza entre elas inúmeras combinações. Estas, tal como os conceitos em que elas consistem, sempre se referem ao mundo intuitivamente conhecido, mas propriamente constituem o que se chama *pensar*, o qual torna possíveis as grandes vantagens da espécie humana sobre todas as outras: a saber, a linguagem, a circunspecção, o olhar sobre o passado, a preocupação com o futuro, a intenção, o propósito, a ação planejada e comum de muitos, o Estado, a ciência, as artes etc. Tudo isso se baseia na capacidade única de ter representações universais, abstratas e não intuitivas, que chamamos conceitos (ou seja, essências das coisas), porque cada um deles compreende sobre si muitas coisas individuais. Os animais carecem dessa habilidade, mesmo os mais inteligentes: portanto, não têm nada além de representações *intuitivas* e, por conseguinte, conhecem apenas o que é diretamente presente, vivem somente no presente. Os motivos pelos quais sua vontade é movida devem, portanto, ser sempre intuitivos e presentes. Mas o resultado disso é que eles dispõem de uma *escolha* extremamente reduzida, a saber, entre coisas que se apresentam diante de seu restrito campo de visão e faculdade de apreensão; coisas, portanto, que estão presentes no tempo e no espaço, a mais forte das quais determina imediatamente sua vontade como motivo, tornando bastante evidente a causalidade do motivo. Uma *aparente* exceção a isso é dada pelo *adestramento*, que é o medo tendo um efeito mediante o hábito; uma exceção até certo ponto *real* é o instinto, na medida em que em virtude dele o animal, em sua *total* maneira de atuar, não é realmente posto em movimento por motivos, mas por uma tração e impulso internos, que, no entanto, também recebem determinação mais próxima por meio de motivos, no detalhe das ações *particulares* e a cada momento, e assim retornam à regra. Uma discussão mais detalhada do instinto aqui me desviaria bastante do meu tema: o capítulo 27 do segundo volume de minha obra principal é dedicado a ele. – Por outro lado, o ser humano tem, graças à sua capacidade de representações *não intuitivas*, por meio das quais *pensa e reflete*, um campo de visão infinitamente mais amplo, que abrange o que está ausente, o que é passado, futuro: por isso, ele tem uma esfera para a influência de motivos, e consequentemente também para escolha, muito maior do que a do o animal confinado ao presente estreito. O que determina seu fazer não é, por regra, o que se apresenta à sua intuição sensível, o que está presente no espaço e no tempo: antes, são meros *pensamentos* que ele carrega consigo por toda parte em sua cabeça e que o tornam independente da impressão do presente. Mas se os pensamentos deixam de fazê-lo, sua ação é chamada irracional; por outro lado, é elogiada como racional se for realizada exclusivamente de acordo com pensamentos bem ponderados e, portanto, completamente independentes da impressão do presente intuitivo. Precisamente esse fato, o de que o ser humano é acionado por sua própria classe de representações (conceitos abstratos, pensamentos, que o animal não possui), é exteriormente visível porque imprime em todo o fazer humano, mesmo no mais insignificante, e em todos os seus movimentos e passos, o caráter do *deliberado e intencional*. Isso diferencia seu comportamento tão obviamente do dos animais que é como se víssemos, por assim dizer, fios finos e invisíveis (os motivos que consistem em meros pensamentos) guiando seus movimentos, enquanto os dos animais são puxados pelas cordas grosseiras e visíveis do intuitivamente presente. Mas a diferença não vai mais além. O pensamento torna-se um *motivo*, assim como a intuição torna-se um motivo tão logo ela seja capaz de exercer um efeito sobre a vontade disponível. Mas todos os motivos são causas, e toda causalidade traz consigo a necessidade. Por meio de sua capacidade de pensar, o ser humano pode tornar presentes para si em qualquer ordem, alternada e repetidamente, os motivos cuja influência ele sente em sua vontade e colocá-los diante desta. Isso se chama *refletir*: ele é capaz de deliberar e, em virtude dessa habilidade, tem uma *escolha* muito maior do que é possível para o animal. Por causa disso, ele é, de fato, *relativamente livre*, ou seja, livre da compulsão imediata dos objetos *intuitivamente presentes* que agem sobre sua vontade como motivos, aos quais o animal está absolutamente sujeito: o ser humano, por outro lado, determina-se independentemente dos objetos presentes e de acordo com pensamentos, que são *seus* motivos. E é fundamentalmente essa liberdade *relativa* o que pessoas instruídas, mas sem pensamento profundo, entendem por liberdade de vontade que o ser humano, segundo elas, manifestamente tem como vantagem sobre os animais. No entanto, ela é meramente *relativa*, a saber, em referência ao que está intuitivamente presente, e meramente *comparativa*, a saber, em comparação com o *animal*. Ela altera apenas *o tipo* da motivação, enquanto a necessidade do efeito do motivo não é minimamente suprimida, nem mesmo reduzida. O motivo *abstrato*, consistente num mero *pensamento*, é uma causa externa determinante da vontade, exatamente como o motivo intuitivo, que consiste num objeto real presente: por conseguinte, é uma causa como qualquer outra; e, assim como as outras, é sempre algo real, material, na medida em que se baseia, em última análise, numa impressão recebida *de fora*, em algum momento e lugar. Tem como vantagem apenas o comprimento do fio condutor; o que quero dizer com isso é que ele não está ligado a uma *proximidade* certa no espaço e no tempo, como é o caso dos motivos puramente intuitivos, mas pode atuar pela maior distância, pelo maior tempo e por uma mediação de conceitos e pensamentos em uma longa cadeia: e isso é consequência da constituição e da eminente receptividade do órgão que primeiramente experimenta e assimila sua influência, a saber, o cérebro humano, ou *razão*. No entanto, isso não suprime minimamente sua *causalidade*, nem a necessidade a esta associada. Portanto, apenas uma visão muito superficial pode tomar essa liberdade relativa e comparativa por absoluta, por um *liberum arbitrium indifferentiae*. A capacidade de deliberação que dela surge não produz, de fato, outra coisa senão o frequentemente penoso *conflito de motivos*, presidido pela indecisão e cujo campo de batalha é todo o ânimo e consciência do homem. Pois o homem permite aos motivos testarem repetidamente sua força uns contra os outros sobre sua vontade, pelo que esta cai na mesma posição em que um corpo se encontra quando sobre ele agem diferentes forças em direções opostas – até que o motivo decididamente mais forte vence, expulsando os outros do campo, e determina a vontade, um resultado que é chamado de resolução e que ocorre com absoluta *necessidade* como resultado da luta.

Se agora novamente lançarmos o olhar sobre toda a série das formas de causalidade, em que *causas* no sentido mais estrito da palavra se separam claramente dos *estímulos* e, finalmente, dos *motivos*, que, por sua vez, se dividem em intuitivos e abstratos, observaremos que, à medida que percorremos a série dos seres de baixo para cima sob esse aspecto, a causa e o efeito divergem cada vez mais um do outro, separam-se mais claramente e tornam-se mais heterogêneos, com a causa se tornando cada vez menos material e palpável, e, portanto, parece haver cada vez menos na causa e cada vez mais no efeito. Em razão de tudo isso junto, a conexão entre causa e efeito perde em termos de apreensibilidade e inteligibilidade imediatas. De fato, tudo o que acaba de ser mencionado pouco se aplica à causalidade *mecânica*, que é, portanto, a mais compreensível de todas: daí surgiu no século passado o vão esforço, ainda vigente na França, mas que recentemente brotou também na Alemanha, de reduzir todos os tipos de causalidade à causalidade mecânica e explicar todos os processos físicos e químicos por causas mecânicas, e, por meio destas últimas, também o processo vital. O corpo que empurra move o que está em repouso, e perde tanto movimento quanto ele transmite: aqui vemos a causa migrando para o efeito, por assim dizer – ambos são bastante homogêneos, exatamente comensuráveis e, ao mesmo tempo, palpáveis. E é assim que realmente acontece com todas as ações puramente mecânicas. Mas veremos que tudo isso é cada vez menos o caso e que, ao contrário, se aplica o que antes dissemos, quanto mais alto ascendemos e consideramos a relação entre causa e efeito em cada nível, por exemplo, entre o calor, como causa, e seus vários efeitos, como expansão, incandescência, fusão, evaporação, combustão, termoeletricidade etc., ou entre evaporação, como causa, e resfriamento, ou cristalização, como efeitos; ou entre a fricção do vidro como causa e a eletricidade livre, com seus estranhos fenômenos, como efeito; ou entre a oxidação lenta das placas como causa e o galvanismo, com todos os seus fenômenos elétricos, químicos e magnéticos como efeitos. Assim, causa e efeito *se separam* cada vez mais, tornam-se mais *heterogêneos*, sua conexão *mais ininteligível*, o efeito parece conter mais do que a causa poderia lhe fornecer; pois a causa se mostra cada vez menos material e palpável. Tudo isso ocorre ainda mais claramente quando passamos para os corpos orgânicos, nos quais as causas são meros *estímulos*, alguns externos, como os da luz, calor, ar, solo, nutrição, alguns internos, os da seiva e da inter-relação entre as partes; e nos quais a vida se apresenta como efeito deles, em sua infinita complexidade e nas inúmeras diferenças de tipo, nas múltiplas formas dos mundos vegetal e animal[7].

Mas, com essas crescentes heterogeneidade, incomensurabilidade e ininteligibilidade da relação entre causa e efeito, a *necessidade* imposta por essa relação também diminuiu? Absolutamente não, nem um pouco. Assim como a bola rolante coloca a estacionária em movimento, a garrafa de Leyden também deve se descarregar quando tocada com a outra mão, o arsênico também deve matar todos os seres vivos, o grão de semente, que, mantido seco não mostrou nenhuma mudança por milhares de anos, também deve germinar, crescer e se desenvolver até uma planta, uma vez colocado no solo adequado, exposto à influência do ar, da luz, do calor e da umidade. A causa é mais complexa, o efeito mais heterogêneo, mas a necessidade com que este ocorre não é nem um pouco menor.

Na vida da planta e na vida vegetativa do animal, embora o estímulo seja em todos os aspectos muito diferente da função orgânica que ele produz, e ambos sejam nitidamente distintos, eles ainda não são propriamente *separados*; deve haver um contato entre eles, por mais sutil e

---
7. A exposição mais detalhada dessa separação de causa e efeito é encontrada em *A vontade na natureza*, rubrica "Astronomia", p. 80ss. da segunda edição.

invisível que seja. A separação completa só ocorre na vida animal, cujas ações são causadas por motivos, de modo que a causa, que até então estava materialmente ligada ao efeito, desprende-se completamente dele, é de natureza totalmente diferente, algo imaterial a princípio, uma mera representação. Portanto, no *motivo*, que provoca o movimento do animal, essa heterogeneidade entre causa e efeito, a separação dos dois, sua incomensurabilidade, a imaterialidade da causa e, portanto, sua aparente exiguidade de conteúdo em relação ao efeito, atingiram o grau mais alto, e a incompreensibilidade da relação entre os dois tornar-se-ia absoluta se nós, como no caso das outras relações causais, também só a conhecêssemos *de fora*: mas aqui um conhecimento de um tipo completamente diferente, *interno*, completa o externo; e o processo que aqui se realiza como efeito depois da ocorrência da causa é-nos intimamente conhecido: nós o designamos com um *terminus ad hoc*: vontade. No entanto, ao reconhecê-la como uma *relação causal* e pensá-la como forma essencial para nosso entendimento, podemos afirmar que a relação causal não sofreu prejuízo algum em termos de necessidade, como também não o sofrera no caso do estímulo acima. Além disso, constatamos que a motivação é inteiramente análoga às duas outras formas de relação causal discutidas acima e é apenas o nível mais alto ao qual estas se elevam em transições bastante graduais. Nos níveis mais inferiores da vida animal, o motivo ainda é muito similar ao *estímulo*: zoófitos, radiários em geral, os acéfalos entre os moluscos, têm apenas um fraco crepúsculo de consciência, exatamente o quanto é necessário para perceber seu alimento ou sua presa e apoderar-se dele quando ele se apresenta e, no máximo, trocar seu lugar por um mais favorável: portanto, nesses níveis baixos, a ação do motivo aparece diante de nós de maneira tão clara, imediata, decisiva e inequívoca quanto a do estímulo. Pequenos insetos são atraídos para a chama pelo brilho da luz: moscas pousam confiantes na cabeça do lagarto que acabou de devorar seus semelhantes diante de seus próprios olhos. Quem sonhará com liberdade aqui? Nos animais superiores e mais inteligentes, a ação do motivo torna-se cada vez menos imediata: isto é, o motivo separa-se mais claramente da ação que ele provoca, de modo que essa diferença de distância entre motivo e ação pode até mesmo ser usada como medida da inteligência dos animais. No ser humano, torna-se imensurável. Por outro lado, mesmo no caso dos animais mais inteligentes, a representação que se torna o motivo de seu fazer deve ser sempre *intuitiva*: até mesmo onde uma escolha já é possível, esta só pode ocorrer entre coisas intuitivamente presentes. O cão fica hesitante entre o chamado de seu dono e a visão de uma cadela: o motivo mais forte determinará seu movimento; mas então este ocorre tão necessariamente quanto um efeito mecânico. Pois aqui também podemos ver um corpo desequilibrado oscilando alternadamente de um lado e para o outro por certo tempo até que seja decidido em qual deles está seu centro de gravidade e ele se precipite para aquele lado. Enquanto a motivação se limita a representações *intuitivas*, seu parentesco com o estímulo e a causa em geral permanece óbvia, porque o motivo, como causa efetiva, deve ser algo real, algo presente, e até mesmo atuar fisicamente nos sentidos, ainda que muito indiretamente, pela luz, pelo som ou pelo odor. Além disso, para o observador, a causa está tão evidente quanto o efeito: ele vê o motivo aparecendo, e a ação do animal se seguindo inevitavelmente, desde que nenhum outro motivo igualmente óbvio ou adestramento exerçam efeito contrário. É impossível duvidar da conexão entre os dois. Portanto, não ocorrerá a ninguém atribuir aos animais um *liberum arbitrium indifferentiae*, isto é, um fazer não determinado por alguma causa.

Mas onde a consciência é racional, isto é, capaz de conhecimento não intuitivo, ou seja, de conceitos e pensamentos, os motivos tornam-se completamente independentes do presente e do ambiente real e, assim, permanecem ocultos ao espectador. Porque eles são agora meros pensamentos que o ser humano carrega na cabeça, cuja origem, entretanto, está fora dela, muitas vezes muito distante, ora em sua própria experiência de anos passados, ora na transmissão por estranhos através da palavra e da escrita, até mesmo de tempos mais remotos, mas de tal forma que a sua *origem é sempre real e objetiva* – embora, pela amiúde difícil combinação de complicadas circunstâncias externas, haja entre os motivos muitos erros e muitos enganos devidos à transmissão, consequentemente também muita insensatez. Soma-se a isso o fato de que o ser humano muitas vezes oculta os motivos de suas ações de todos os outros, às vezes até mesmo de si próprio, em particular quando tem medo de reconhecer o que realmente o move a fazer isso ou aquilo. Nesse meio tempo, vemos seu ato acontecer e tentamos, por conjecturas, descobrir os motivos que supomos ali com tanta firmeza e confiança como o fazemos em relação à causa de todo movimento de corpos inanimados que tivéssemos visto acontecer, na convicção de que tanto um como o outro são impossíveis sem causa. Inversamente, em nossos próprios planos e empreendimentos também levamos em conta o efeito dos motivos sobre as pessoas com uma certeza que seria exatamente a mesma com que calculamos os efeitos mecânicos de dispositivos mecânicos, se conhecêssemos o caráter individual das pessoas a serem tratadas aqui tão precisamente quanto conhecemos ali o comprimento e a espessura das vigas, o diâmetro das rodas, o peso das cargas etc. Qualquer um se atém a esse pressuposto enquanto olha para fora, tem a ver com outras pessoas e persegue objetivos práticos: pois é para estes que o entendimento humano é determinado. Mas se alguém tenta julgar a questão teórica e filosoficamente – algo para o qual a inteligência humana não é realmente determinada – e se faz a si mesmo objeto do juízo, ele se deixa enganar pela natureza imaterial dos motivos abstratos que consistem em meros pensamentos, que acabamos de descrever, porque eles não estão vinculados a nenhum presente ou entorno e encontram seus obstáculos apenas em meros pensamentos, como contramotivos; e se engana a tal ponto que duvida da existência de tais motivos ou da necessidade de sua ação e pensa que o que é feito poderia muito bem ser omitido, que a vontade decide por si própria, sem causa, e que cada um de seus atos seria o primeiro começo de uma série imprevisível de mudanças por ela provocadas. Esse erro é particularmente sustentado pela interpretação incorreta da afirmação da autoconsciência "posso fazer o que quero", suficientemente examinada na primeira seção, em especial quando ela ressoa, como sempre, sob a influência de vários motivos, os quais por um momento meramente solicitam e mutuamente se excluem. Tudo isso, em conjunto, é a fonte da ilusão natural da qual surge o erro segundo o qual residiria em nossa autoconsciência a certeza de uma liberdade de nossa vontade, no sentido de que esta, contrariamente a todas as leis do puro entendimento e da natureza, é algo que decide sem uma razão suficiente, e cujas decisões, em circunstâncias dadas, poderiam resultar de um modo ou do modo oposto na mesma pessoa.

Para explicar de uma maneira mais clara e concreta a origem desse erro, tão importante para o nosso tema, e assim complementar a investigação da autoconsciência feita na seção anterior, imaginemos um homem que, parado na rua, diga para si mesmo: "São 6 horas da tarde, o dia de trabalho terminou. Já posso dar um passeio; ou posso ir ao clube; também posso subir na torre para ver o sol se pôr; também posso ir ao teatro; também posso visitar este ou aquele amigo; sim, eu também posso correr para fora do portão, perder-me neste vasto mundo, e nunca mais voltar. Tudo isso depende apenas de mim, tenho total liberdade para fazê-lo; mas não faço nada disso agora e, com a mesma livre vontade, vou para casa ao encontro de minha esposa". Isso é como se a água dissesse: "Posso formar ondas altas (sim! no mar e na tempestade), posso descer tempestuosa (sim! no leito do rio), posso cair espumando e borbulhando (sim! numa cachoeira), posso subir livremente no ar como um jato (sim! numa fonte), posso, por fim, ferver e desaparecer (sim! a 80° de calor); no entanto, não faço nada de tudo isso agora, mas fico voluntariamente, calma e clara no lago espelhado". Assim como a água só pode fazer tudo isso quando ocorrem as causas determinantes de uma coisa ou de outra, aquele homem também não pode fazer o que ele imagina poder fazer senão sob a mesma condição. Até que ocorram as causas, é impossível para ele: mas então ele *deve* fazê-lo, assim como a água, quando é colocada nas circunstâncias correspondentes. Seu erro e, em geral, o engano que surge dessa falsa interpretação da autoconsciência, de que ele pode fazer tudo isso agora, baseia-se, numa consideração precisa, no fato de que em sua fantasia só pode estar presente uma imagem a cada vez, a qual nesse instante exclui todo o resto. Se ele agora representa para si o motivo de uma dessas ações propostas como possíveis, ele sentirá imediatamente seu efeito em sua vontade, que é desse modo solicitada: isso é chamado, na linguagem técnica, de *velleitas*. Mas agora ele acha que também poderia levar isso a uma *voluntas*, isto é executar a ação proposta: só que isso é engano. Pois logo a reflexão apareceria e traria à sua memória os motivos que estavam atraindo para outras direções, ou na direção oposta, e então ele veria que o ato não se produz. Com uma apresentação tão sucessiva de vários motivos mutuamente exclusivos, sob o acompanhamento constante do interno "posso fazer o que quero", a vontade, por assim dizer, como um cata-vento sobre uma vara bem lubrificada e um vento instável, gira imediatamente em direção para qualquer motivo que a imaginação lhe apresenta, sucessivamente em direção a todos os motivos que são apresentados como possíveis, e com cada um a pessoa pensa que pode *querê*-lo e assim fixar o cata-vento neste ponto, o que é mero engano. Pois seu "eu posso querer isso" é na verdade hipotético e traz consigo a aposição "se eu não preferisse aquela outra coisa", o que, porém, suprime aquele poder querer. – Retornemos ao exemplo daquele homem que está deliberando às 6 horas da tarde e suponhamos que percebe que eu estou parado atrás dele, que filosofo a seu respeito e contesto sua liberdade de fazer todas aquelas ações possíveis para ele; então, poderia facilmente acontecer que ele, para me refutar, executasse uma delas: mas então o motivo que o compeliu a fazê-la seriam minha contestação e seu efeito sobre seu espírito contraditório. No entanto, este motivo apenas o induziria a uma ou outra das ações *mais fáceis* listadas acima, por exemplo, ir ao teatro; mas de modo algum a última, ou seja, perder-se no vasto mundo: tal motivo seria fraco demais para isso. – De maneira igualmente errônea, muitos pensam, segurando uma pistola carregada, que podem atirar em si mesmos com ela. O meio mecânico de execução é a coisa menos necessária para isso, enquanto a principal é um motivo extremamente forte e, portanto, raro, que tem o tremendo poder necessário para sobrepujar a alegria de viver, ou mais corretamente o medo da morte: somente depois de tal motivo ter ocorrido, essa pessoa pode realmente atirar em si mesma, e deve fazê-lo, a menos que um contramotivo ainda mais forte, se é que é possível, impeça o ato.

Posso fazer o que quero: posso, se *quiser*, dar tudo o que tenho aos pobres e assim me tornar um deles – se eu *quiser*! – Mas não sou capaz de querê-lo, porque os motivos opostos têm muito poder sobre mim para que eu o possa. Por outro lado, se eu tivesse um caráter diferente, a ponto de ser santo, eu poderia querê-lo, mas então eu não só não poderia evitar querer, como também teria de fazê-lo. – Tudo isso é perfeitamente compatível com o "Posso *fazer* o que *quero*" da autoconsciência, no qual ainda hoje alguns filosofastros irrefletidos pensam ver a liberdade da vontade e, portanto, fazem-na valer como um fato dado da consciência. Entre estes destaca-se o Sr. Cousin, que, portanto, merece aqui uma menção honrosa, pois em seu *Cours d'histoire de la philosophie, professé en 1819, 20, et publié par Vacherot, 1841*, ele ensina que a liberdade da vontade é o fato mais confiável da consciência (Vol. 1, p. 19, 20), e censura *Kant* por apenas tê-la provado a partir da lei moral e tê-la estabelecido como postulado, enquanto ela é um fato: "pourquoi démontrer ce qu'il suffit de constater?" [por que demonstrar o que é suficiente constatar?] (p. 50) "La liberté est un fait, et non une croyance" [A liberdade é um fato, não uma crença] (ibid.). – Enquanto isso, na Alemanha, também não faltam ignorantes, que descartam tudo o que os grandes pensadores dizem há dois séculos e que, insistindo no fato da autoconsciência analisado na seção anterior e compreendido erroneamente por eles como pela grande massa, preconizam a liberdade da vontade como factualmente dada. Mas talvez eu lhes faça uma injustiça; pois pode ser que eles não sejam tão ignorantes quanto parecem, mas apenas famintos e, portanto, por um pedaço de pão seco, ensinem tudo o que possa agradar a um alto ministério.

Não é nem metáfora nem hipérbole, mas uma verdade bastante enxuta e literal, que, assim como uma bola de bilhar não pode se movimentar antes de receber um golpe, uma pessoa também não pode se levantar de sua cadeira antes que um motivo o puxe ou impulsione: mas então o levantar-se é tão necessário e inevitável quanto o rolar da bola após o golpe. E esperar que uma pessoa faça algo que ela não está interessada em fazer é como esperar que um pedaço de madeira se mova em minha direção sem uma corda que o puxe. Qualquer um que afirme isso em alguma reunião e encontre obstinada oposição resolveria a questão no menor tempo possível se fizesse um terceiro gritar de repente em voz alta e séria: "O vigamento está desabando!". Desse modo os oponentes viriam a constatar que um motivo é tão poderoso para expulsar as pessoas de casa quanto a mais tangível causa mecânica.

Pois o homem, como todos os objetos da experiência, é um fenômeno no tempo e no espaço, e como a lei da causalidade se aplica a todos estes *a priori* e, portanto, sem exceção, ele também deve estar sujeito a ela. Isso é o que diz o puro entendimento *a priori*, isso é o que confirma a analogia que se estende por toda a natureza, e é isso o que atesta a experiência a cada momento, se o indivíduo não se deixa enganar pela ilusão nascida do fato de que, enquanto os seres naturais, ascendendo cada vez mais e tornando-se sempre mais complexos, e sua receptividade se eleva e se refina, passando da meramente mecânica para a química, elétrica, irritável, sensível, intelectual e, finalmente, racional, a natureza das causas eficientes também devem acompanhar isso e, a cada nível, configurar-se em correspondência com os seres sobre os quais se deve exercer a ação: por isso, as causas também parecem cada vez menos palpáveis e materiais, de modo que, no final, não são mais visíveis aos olhos, mas acessíveis ao entendimento, que, em cada caso particular, as pressupõe com inabalável confiança e também as descobre com uma investigação apropriada. Porque aqui as causas eficientes se elevaram a meros pensamentos que lutam com outros pensamentos até que o mais poderoso deles seja o fator decisivo e coloque o ser humano em movimento; tudo isso ocorre numa conexão causal tão estrita como quando causas puramente mecânicas, numa complicada conexão, trabalham em oposição umas às outras, e o resultado calculado ocorre infalivelmente. As partículas de cortiça eletrificadas pulando em todas as direções no recipiente de vidro têm uma aparente falta de causalidade, devido à invisibilidade da causa, tanto quanto os movimentos do ser humano: mas o juízo não compete ao olho, mas ao entendimento.

Sob o pressuposto da liberdade da vontade, toda ação humana seria um milagre inexplicável – um efeito sem causa. E se alguém ousar tentar imaginar tal *liberum arbitrium indifferentiae*, logo se dará conta que o entendimento realmente estaca aí, pois ele não tem uma forma de pensar tal coisa. Pois o princípio da razão, o princípio de determinação universal e a dependência dos fenômenos entre si, é a forma mais geral de nossa faculdade cognitiva, que, dependendo da variedade de seus objetos, também assume diferentes formas.

Aqui, porém, devemos pensar em algo que determina sem ser determinado, que não depende de nada, enquanto todo o restante depende dele; algo que sem necessidade, consequentemente sem razão, produz A, quando poderia igualmente produzir B, ou C, ou D; e poderia fazê-lo absolutamente, poderia fazê-lo nas mesmas circunstâncias, isto é, sem que houvesse algo em A que lhe conferisse alguma preferência (porque isso seria motivação e, daí, causalidade) em relação a B, C, D. Aqui somos reconduzidos ao conceito do absolutamente casual, que foi apresentado logo no início. Repito: aqui o entendimento genuinamente se paralisa, se alguém tenha sido capaz de levá-lo até esse ponto.

Mas agora vamos também recordar o que é, em geral, uma *causa*: a mudança precedente, que torna necessária a mudança subsequente. De modo nenhum, uma causa no mundo produz totalmente seu efeito, ou o faz do nada. Ao contrário, sempre há algo sobre o qual ela atua; e somente neste momento, neste lugar e sobre esse ser determinado ela ocasiona uma mudança, que está sempre de acordo com a natureza do ser, e para a qual a força já deve residir nesse ser. Portanto, todo efeito surge de dois fatores, um interno e outro externo: a saber, da força originária daquilo sobre o que se exerce o efeito, e da causa determinante, que obriga aquela força a se manifestar aqui e agora. A força originária é pressuposta por toda causalidade e toda explicação baseada nesta: portanto, a explicação nunca explica tudo, mas sempre deixa algo inexplicável. Vemos isso em toda a física e química: em suas explicações sempre se supõem as forças naturais que se manifestam nos fenômenos, e toda a explicação consiste numa recondução a elas. Uma força natural não está sujeita a nenhuma explicação, mas é o princípio de toda explicação. Da mesma forma, ela própria não está sujeita a nenhuma causalidade, mas é precisamente o que confere a cada causa sua causalidade, isto é, a capacidade de exercer efeito. Ela mesma é a base comum de todos os efeitos desse tipo e está presente em cada um deles. Desse modo, os fenômenos do magnetismo são reduzidos a uma força originária chamada eletricidade. Aqui a explicação se detém, apenas especificando as condições sob as quais tal força se manifesta, isto é, as causas que produzem a sua atividade. As explicações da mecânica celeste pressupõem a gravitação como a força em virtude da qual atuam aqui as causas individuais que determinam o curso dos corpos celestes. As explicações da química pressupõem as forças ocultas que se expressam como afinidades eletivas, segundo certas razões estequiométricas, e nas quais se baseiam, em última análise, todos os efeitos, que ocorrem pontualmente, quando suscitados por causas dadas. Da mesma forma, todas as explicações da fisiologia pressupõem a força vital, que reage de maneira determinada a estímulos internos e externos específicos. E é assim em todos os lugares e sempre. Mesmo as causas de que trata a tão compreensível mecânica, como o impacto e a pressão, baseiam-se em impenetrabilidade, coesão, rigidez, inércia, peso e elasticidade, que não são outra coisa senão as forças insondáveis da natureza que acabamos de mencionar. Portanto, em toda parte, as causas não determinam nada mais do que o quando e o onde das *manifestações* de forças originárias e inexplicáveis, e apenas sob a pressuposição destas elas são causas, isto é, provocam certos efeitos necessariamente.

Assim como esse é o caso com as causas no sentido mais estrito e com os estímulos, não é menos o caso com relação aos *motivos*, uma vez que a motivação não é essencialmente diferente da causalidade, mas apenas um tipo dela, a saber, a causalidade que procede pelo meio da cognição. Também aqui a causa provoca apenas a manifestação de uma força que não pode mais ser reconduzida a causas e, portanto, não pode ser explicada; uma força que aqui se chama *vontade*, que nos é conhecida não apenas de fora, como as outras forças naturais, mas, graças à autoconsciência, também de dentro e diretamente. Somente pressupondo que tal vontade exista e, no caso individual, que seja de certa constituição, as causas dirigidas a ela, aqui chamadas de motivos, terão efeito. Esta constituição da vontade, especial e individualmente determinada, em virtude da qual sua reação aos mesmos motivos é diferente em cada pessoa, é o que se chama seu *caráter*, e, porque não é conhecido *a priori*, mas apenas pela experiência, seu *caráter empírico*. É ele que determina, antes de tudo, a ação dos diversos motivos sobre um dado ser humano. Pois ele está na base de todos os efeitos que os motivos produzem, assim como as forças gerais da natureza estão na base dos efeitos provocados pelas causas no sentido mais estrito, e assim como a força vital é subjacente aos efeitos dos estímulos. E, tal como no caso das forças da natureza, ele também é originário, imutável, inexplicável. Nos animais, ele é diferente em cada espécie; no ser humano, em cada indivíduo. Somente nos animais superiores e mais inteligentes aparece um caráter individual perceptível, embora com o caráter da espécie totalmente predominante. O *caráter do ser humano* é: 1) *individual*: ele é diferente em cada um. É verdade que o caráter da espécie está na base de todos, daí que as propriedades principais se reencontram em cada pessoa. Mas aqui há um mais e menos tão significativo de grau, uma tal diversidade na combinação e na modificação das propriedades entre si, que se pode supor que a diferença moral dos caracteres é igual àquela das habilidades intelectuais, o que significa muita coisa, e que ambas são incomparavelmente maiores do que a diferença corporal entre um gigante e um anão, Apolo e Tersites. Por isso, o efeito do mesmo motivo é totalmente diferente em pessoas diferentes, do mesmo modo que a luz do sol torna branca a cera, mas preto o cloreto de prata, e o calor amolece a cera, mas endurece a argila. Portanto, não se pode prever o ato apenas pelo conhecimento do motivo, mas também é preciso conhecer exatamente o caráter.

2) O caráter do ser humano é *empírico*. Apenas pela experiência, o indivíduo chega a conhecer não só o caráter dos outros, mas também o próprio. Por isso, muitas vezes ele se decepciona tanto consigo mesmo quanto com os outros, quando descobre que não possui esta ou aquela qualidade, por exemplo, justiça, altruísmo, coragem, no grau que, tão indulgentemente, supunha. Também por isso, diante de uma escolha difícil, nossa própria

resolução, como a de qualquer outra pessoa, permanece um mistério para nós até que ela seja tomada: às vezes acreditamos que ela recairá deste lado, às vezes, daquele lado, conforme este ou aquele motivo seja apresentado mais de perto à vontade pelo conhecimento e seu poder sobre ela seja testado, situação em que aquele "Posso fazer o que quero" produz a ilusão da liberdade da vontade. Por fim, o motivo mais forte se impõe sobre a vontade, e a escolha muitas vezes acaba sendo diferente do que inicialmente suspeitávamos. Por isso, enfim, ninguém pode saber como o outro agirá, nem como ele próprio agirá em qualquer situação particular antes de ter estado nela: somente depois de ter superado a prova, ele terá certeza da outra pessoa, e só então de si mesmo. Mas então ele está certo: amigos provados, servos provados são pessoas seguras. Em geral, tratamos uma pessoa que conhecemos bem como qualquer outra coisa cujas propriedades já chegamos a conhecer; e antecipamos com confiança o que esperar dela e o que não. Quem já fez algo uma vez voltará a fazê-lo surgindo a ocasião, para o bem ou para o mal. É por isso que quem precisa de uma ajuda grande e extraordinária recorrerá a alguém que já deu provas de generosidade: e quem quiser contratar um assassino procurará entre pessoas que já sujaram as mãos no sangue. Segundo a narrativa de Heródoto (VII, 164), Gelão de Siracusa se viu na necessidade de confiar grande soma de dinheiro a um homem, o qual, com total disposição sobre ela, deveria levá-la ao exterior: para esse fim, ele escolheu Cadmos, pois este havia demonstrado honestidade e escrupulosidade raras, até mesmo sem precedentes. Sua confiança foi completamente corroborada. – De igual modo, somente pela experiência e quando surge a oportunidade, cresce o conhecimento de nós mesmos, sobre o qual se baseia a autoconfiança ou a desconfiança. Conforme tenhamos, em determinada circunstância, demonstrado prudência, coragem, honestidade, discrição, finura, ou o que mais tenha sido necessário, ou tenha vindo à tona a falta de tais virtudes – nós, em consequência do conhecimento obtido a nosso respeito, ficamos depois satisfeitos com nós mesmos, ou o contrário. É somente o conhecimento preciso de seu próprio caráter empírico que dá ao ser humano o que se chama *caráter adquirido*: possui-o quem conhece com exatidão suas próprias qualidades, boas e más, e, portanto, sabe com certeza o que pode ou não confiar a si mesmo e pretender de si mesmo. Seu próprio papel, que antes, em virtude de seu caráter empírico, ele simplesmente cumpria com naturalidade, agora ele o desempenha hábil e metodicamente, com firmeza e dignidade, sem nunca, como se costuma dizer, descaracterizar-se, o que sempre prova que alguém estava equivocado a respeito de si mesmo num caso particular.

3) O caráter do ser humano é *constante*: permanece o mesmo ao longo da vida. Sob o invólucro cambiante de seus anos, suas relações, até mesmo seus conhecimentos e opiniões, como um caranguejo em sua casca, encerra--se o ser humano idêntico e real, totalmente imutável e

sempre o mesmo. É apenas na direção e na matéria que seu caráter sofre as aparentes modificações que são o resultado da diferença de idades e suas necessidades. *O homem nunca muda*: como ele agiu num caso, ele sempre agirá novamente, em circunstâncias totalmente idênticas (o que, no entanto, também inclui o conhecimento correto dessas circunstâncias). A confirmação dessa verdade pode ser extraída da experiência diária: mas a obtemos da maneira mais impressionante quando reencontramos um conhecido depois de 20 ou 30 anos e imediatamente o surpreendemos fazendo as mesmas brincadeiras de antes. Certamente muitos negarão essa verdade com palavras, mas eles mesmos a pressupõem em suas ações, pois nunca mais confiam naquele que outrora consideraram desonesto, ao passo que confiam naquele que antes provou ser honesto. Pois naquela verdade repousa a possibilidade de todo conhecimento sobre os seres humanos e da firme confiança naqueles que foram testados, provados e corroborados. Mesmo que essa confiança tenha nos enganado uma vez, nunca dizemos "seu caráter mudou", mas sim "eu estava errado a seu respeito". – É com base naquela verdade que, quando queremos julgar o valor moral de uma ação, tentamos antes de tudo obter certeza sobre seu motivo, mas então nosso elogio ou censura não se dirige ao motivo, mas ao caráter que se deixa determinar por tal motivo, como o segundo fator desse ato, um fator que é inerente unicamente ao ser humano. – É sobre a mesma verdade que reside o fato de que a genuína honra (não cavalheiresca ou honra de idiotas), uma vez perdida, nunca pode ser restaurada; ao contrário, a mancha de um único ato indigno se adere ao homem para sempre, e, por assim dizer, marca-o com ferro quente. Daí o ditado: "Quem rouba uma vez é ladrão para o resto da vida". – É com base nessa verdade que repousa o fato de que se alguma vez ocorrer, em importantes questões de Estado, que a traição seja desejada e, portanto, o traidor seja procurado, usado e recompensado, a prudência ordena, quando alcançado o fim, que ele seja removido, porque as circunstâncias são variáveis, mas seu caráter é imutável. – É com base nela que assenta o fato de que a maior falha de um poeta dramático é que o caráter de seus personagens não seja mantido, isto é, que eles não sejam, como aqueles representados pelos grandes poetas, conduzidos com a constância e a consistência rigorosa de uma força da natureza, como demonstrei para Shakespeare com um exemplo detalhado em *Parerga*, vol.2, §. 118, p. 196 da primeira edição (2. ed., § 119, p. 248). – Sim, sobre a mesma verdade repousa a possibilidade da consciência, na medida em que esta, com frequência, nos reprova ainda em idade avançada pelos delitos da juventude, como o fez, por exemplo, com J. J. Rousseau, depois de 40 anos, por ele ter acusado a criada Marion de um roubo que ele mesmo havia cometido. Isso só é possível com a condição de que o caráter permaneça inalterado; pelo contrário, os erros mais ridículos, a ignorância mais grosseira, as mais estranhas loucuras de nossa juventude não nos envergonharão na velhice: pois a situação mudou, aquelas coisas eram uma questão de conhecimento, nós nos afastamos delas, há muito nos desembaraçamos delas, como trajes de nossa juventude. – É baseado na mesma verdade o fato de que um homem, mesmo com o mais claro conhecimento de suas faltas e enfermidades morais, e até mesmo com aversão a elas e a mais sincera intenção de melhorar, realmente não melhora e, ao invés disso, apesar de sérios propósitos e honestas promessas, na próxima oportunidade, se deixa apanhar para sua própria surpresa nos mesmos caminhos de antes. Somente seu conhecimento pode ser corrigido; portanto, ele pode vir a se dar conta de que este ou aquele meio que ele empregou anteriormente não levam ao fim desejado, ou trazem mais dano do que ganho: então ele muda os meios, não os fins. Nisto se baseia o sistema penitenciário americano: ele não se propõe melhorar o *caráter*, o *coração* do homem, mas sim colocar sua *cabeça* em ordem e mostrar-lhe que os fins que ele persegue invariavelmente em virtude de seu caráter seriam alcançados com muito mais dificuldade pelo caminho da desonestidade até então trilhado, como muito mais fadiga e perigo do que pela via da honestidade, do trabalho e da sobriedade. Em geral, a esfera e a área de todo aperfeiçoamento e enobrecimento residem unicamente no *conhecimento*. O caráter é imutável, os motivos atuam com necessidade: mas eles têm de passar pelo *conhecimento*, que é o meio dos motivos. Mas o conhecimento é passível da mais variada expansão, de correção constante em inúmeros graus: toda educação trabalha para isso. O aperfeiçoamento da razão, mediante conhecimentos e discernimentos de todo tipo, é moralmente importante porque abre o acesso a motivos para os quais o homem, sem ele, permaneceria fechado. Enquanto ele não podia entender tais motivos, estes não estavam disponíveis para sua vontade. Por isso, em circunstâncias externas iguais, a posição de uma pessoa na segunda vez pode, de fato, ser bem diferente da primeira vez, se ela, no meio tempo, conseguiu compreender aquelas circunstâncias correta e completamente. E, com isso, agora atuam sobre ela motivos que anteriormente lhe eram inacessíveis. Nesse sentido os escolásticos diziam com razão: "*causa finalis* (propósito, motivo) *movet non secundum suum esse reale, sed secundum esse cognitum*" [A causa final não move de acordo com seu ser real, mas sim de acordo com o que seu ser é conhecido]. Mas nenhuma influência moral vai além da correção do conhecimento, e o empreendimento de eliminar as falhas de caráter de uma pessoa por meio de discurso e moralização e, assim, querer transformar seu caráter mesmo, sua própria moralidade, é exatamente igual ao propósito de converter chumbo em ouro por influência externa, ou de fazer que um carvalho, com esmerados cuidados, dê damascos.

Encontramos a convicção da imutabilidade do caráter já expressa como indubitável por Apuleio em seu *Oratio de magia*, em que ele, defendendo-se da acusação de feitiçaria, apela ao seu conhecido caráter e diz: *Certum indicem cujusque animum esse, qui sempre eodem ingenio ad virtutem vel ad malitiam moratus, firmum argumentum est accipiendi criminis, aut respuendi.* [Há certa prova no ânimo de cada um, que reside sempre na disposição para a virtude ou para o mal, e constitui um argumento firme para admitir ou rejeitar uma acusação.]

4) O caráter individual é *inato*: não é obra de arte, nem de circunstâncias sujeitas ao acaso, mas obra da própria natureza. Ele já se revela na criança, mostra ali em pequena escala o que ela será no futuro em grande. Por isso, com a criação e o ambiente em tudo iguais, duas crianças mostram claramente o caráter mais fundamentalmente diferente: é o mesmo que elas terão na velhice. Em suas características básicas, ele é até mesmo hereditário, mas somente da parte do pai, enquanto a inteligência, da mãe; a isso me refiro ao cap. 43 do segundo volume de minha obra principal.

Desta afirmação da natureza do caráter individual segue-se, de fato, que as virtudes e os vícios são inatos. Esta verdade pode ser inconveniente para alguns preconceitos e para certa filosofia de roca de fiar, com seus chamados interesses práticos, isto é, seus pequenos e estreitos conceitos e suas limitadas visões de escola infantil: mas ela já era a convicção do pai da moral, Sócrates, que, segundo Aristóteles (*Eth. magna*, I, 9) afirmou: οὐκ ἐφ' ἡμῖν γενέσθαι τὸ σπουδαίους εἶναι ἢ φαύλους, κ. τ. λ.. (*in arbitrio nostro positum non esse, nos probos, vel malos esse*) [Não depende de nós o ser bom ou mau]. O que Aristóteles recorda aqui contra isso é obviamente inválido: ele mesmo compartilha da opinião de Sócrates e a expressa mais claramente no *Eth. Nicom.*, VI, 13: Πᾶσι γὰρ δοκεῖ ἕκαστα τῶν ἠθῶν ὑπάρχειν φύσει πως, καὶ γὰρ δίκαιοι καὶ σωφρονικοὶ καὶ ἀνδρεῖοι καὶ τἆλλα ἔχομεν εὐθὺς ἐκ γενετῆς (Singuli enim mores in omnibus hominibus quodammodo videntur inesse natura: namque ad justitiam, temperantiam, fortitudinem, ceterasque virtutes proclivitatem statim habemus, cum primum nascimur) [Pois parece que o tipo de caráter pertence a todos os homens de alguma forma por natureza, e, de fato, nossa propensão à justiça, temperança, fortaleza e outras virtudes começa em nós desde o nascimento.]. E se examinarmos todas as virtudes e vícios no livro de Aristóteles *De virtutibus et vitiis*, onde eles são agrupados para uma breve sinopse, veremos que, no ser humano real, todos eles só podem ser pensados como qualidades *inatas*, e só seriam genuínos como tais; por outro lado, se derivassem da reflexão e fossem assumidos voluntariamente, equivaleriam realmente a um tipo de dissimulação, seriam inautênticos, e, portanto, não se poderia contar com sua continuidade e confiabilidade sob a pressão das circunstâncias. E ainda que acrescentemos a virtude cristã do amor, *caritas*, ausente em Aristóteles e em todos os antigos, com ela as coisas também não seriam diferentes. Como a bondade infatigável de *um* homem e a maldade incorrigível e profundamente enraizada do outro, o caráter de Antonino, Adriano, Tito, por um lado, e o de Calígula, Nero, Domiciano, por outro, sobreviriam do exterior e seriam obra de circunstâncias fortuitas, ou de mero conhecimento e instrução! Nero, afinal, teve Sêneca como educador. – Em vez disso, é no caráter inato, esse núcleo real de todo o ser humano, que se encontra o germe de todas as suas virtudes e vícios. Essa convicção, que é natural para homem sem preconceitos, também guiou a mão de Veleio Patérculo quando ele (II, 35) escreveu o seguinte sobre o Catão: *Homo virtuti consimillimus, et per onmia genio diis, quam hominibus propior: qui nunquam recte fecit, ut facere videretur, sed quia aliter facere non poterat* [Um homem muito semelhante à virtude e, em tudo, mais próximo em seu caráter dos deuses do que dos homens: que nunca agiu retamente para ser visto assim, mas porque não podia fazer de outra forma.][8]

Por outro lado, sob o pressuposto da liberdade da vontade, é absolutamente impossível saber de onde provêm a virtude e o vício, ou em geral o fato de que duas pessoas criadas da mesma maneira, sob circunstâncias e ocasiões completamente iguais, agem de maneiras bastante diferentes, até contrárias. A diferença fundamental,

---

8. Essa passagem gradualmente se torna uma peça regular no arsenal dos deterministas, uma honra com a qual o bom e velho historiador, de 1800 anos atrás, certamente não se permitiu sonhar. Primeiro Hobbes elogiara a passagem, depois dele Priestley. Schelling mais tarde a reproduziu em seu tratado sobre liberdade, p. 478, numa tradução um tanto distorcida para seus propósitos, razão pela qual não cita expressamente Veleio Patérculo, mas, de modo tão prudente quanto elegante, diz "um antigo". Por fim, eu também não quis deixar de citá-la, pois realmente é pertinente aqui.

real e originária de caráter é incompatível com a suposição de tal liberdade de vontade, que consiste no fato de que qualquer pessoa seja igualmente capaz de realizar ações opostas em qualquer situação. Pois nesse caso seu caráter deve ser uma *tabula rasa* desde o início, como o intelecto de Locke, e não deve ter nenhuma inclinação inata para um lado ou outro, porque isso destruiria o equilíbrio perfeito que se atribui ao *libero arbitrio indiferenceiae*. Sob esse pressuposto, portanto, a razão da diferença nos modos de agir de diferentes pessoas não pode residir no *subjetivo*, mas ainda menos no *objetivo*: pois então seriam os objetos que determinariam a ação, e a pretendida liberdade se perderia por completo. Na melhor das hipóteses, a única saída seria colocar a origem dessa grande e real diferença de modos de agir no ponto intermediário entre sujeito e objeto, ou seja, fazê-la surgir da maneira diferente como o objetivo é apreendido pelo subjetivo, isto é, *conhecido* por pessoas diferentes. Mas então tudo retrocederia ao *conhecimento* correto ou incorreto das circunstâncias presentes, o que transformaria a diferença moral dos modos de agir em mera diferença na correção ou incorreção do juízo, e converteria a moral em lógica. Se, por fim, os proponentes da liberdade da vontade tentassem se salvar desse grave dilema dizendo: De fato, não há uma diferença inata de caráter, mas uma diferença desse tipo surge de circunstâncias externas, impressões, experiências, exemplos, ensinamentos etc., e se um caráter se formou desse modo, então a diferença no agir é subsequentemente explicada por isso – aqui poderíamos, em primeiro lugar, replicar que nesse caso o caráter apareceria muito tarde (embora na verdade já seja reconhecível em crianças) e a maioria das pessoas morreria antes de ter obtido um caráter; em segundo lugar, que todas essas circunstâncias externas cuja obra deveria ser o caráter estão completamente fora de nosso poder e são provocadas de uma maneira ou de outra pelo acaso (ou, se assim se quiser, pela Providência): ou seja, se o caráter procedesse delas e a diferença no agir derivasse, por sua vez, do caráter, toda a responsabilidade moral por essa diferença desapareceria completamente, já que ela evidentemente seria, no fim das contas, obra do acaso ou da Providência. Vemos, portanto, que, sob a suposição da liberdade da vontade, a origem da diversidade nos modos de agir e, com isso, da virtude, ou do vício, juntamente com a da responsabilidade, flutua no ar sem nenhum suporte e não encontra lugar onde se enraizar. Daí se segue, no entanto, que aquela suposição, por mais que agrade à primeira vista ao entendimento rude, está no fundo em contradição tanto com nossas convicções morais quanto com a regra suprema de nosso entendimento, como já foi suficientemente demonstrado.

 A necessidade com que os motivos, como todas as causas em geral, exercem seu efeito – como expliquei detalhadamente acima – não é isenta de pressupostos. Agora sabemos qual é seu pressuposto, o fundamento e o solo em que se apoia: o *caráter individual* inato. Assim como todo efeito na natureza inanimada é um produto necessário de dois fatores, a saber, a *força natural* universal que aqui se manifesta e a *causa* particular que aqui produz essa manifestação, da mesma forma toda ação de um ser humano é o produto necessário de seu *caráter* e do *motivo* que interveio. Dados esses dois fatores, ela se segue inevitavelmente. Para que ocorresse outra ação, ou outro motivo ou outro caráter teria de ser posto. Além disso, toda ação poderia ser prevista com certeza, até mesmo calculada, se, em parte, o caráter não fosse tão difícil de sondar, e se, em parte, o motivo não estivesse, com frequência, oculto e sempre exposto ao efeito contrário de outros motivos que se situam exclusivamente na esfera do pensamento do homem e são inacessíveis aos outros. O caráter inato do homem já determina essencialmente os fins que ele persegue invariavelmente: os meios que ele usa para alcançá-los são determinados, em parte, pelas circunstâncias externas, em parte por sua compreensão deles, cuja correção depende, por sua vez, de seu entendimento e de sua educação. Como resultado final de tudo isso, seguem-se suas ações individuais e, com isso, todo o papel que ele deve desempenhar no mundo. – A síntese da teoria do caráter individual aqui exposto encontra-se expressa, de forma exata como também poética, numa das mais belas estrofes de Goethe:

> Como no dia que te deu ao mundo
> Estava o sol para a saudação dos planetas,
> Cresceste logo e sem cessar,

De acordo com a lei de teu ingresso.
Assim tens de ser, não podes escapar de ti mesmo;
Assim o disseram as sibilas, e também os profetas;
Nenhum tempo, nenhum poder rompem
A forma impressa que, vivendo, se desenvolve.

Portanto, a pressuposição sobre a qual repousa a necessidade dos efeitos de todas as causas é a essência interna de todas as coisas, quer seja ela meramente uma força natural universal que se manifesta nela, quer seja a força vital, quer seja a vontade: todo ser, não importa de qual tipo, sempre reagirá de acordo com sua peculiar natureza, por ocasião das causas eficientes. Esta lei, à qual todas as coisas do mundo estão sujeitas sem exceção, foi expressa pelos escolásticos na fórmula *operari sequitur esse* [o agir segue o ser]. De acordo com isso, o químico testa os corpos por meio de reagentes, e um ser humano testa outro mediante provas a que o submete. Em todos os casos, as causas externas produzirão, com necessidade, o que está contido no ser: pois este não pode reagir senão de acordo com o que ele é.

Aqui deve ser lembrado que toda *existentia* pressupõe uma *essentia*: isto é, todo existente deve ser também algo, ter uma essência determinada. Não pode *existir* e ser um *nada*, ou seja, algo como o *ens metaphysicum*, isto é, uma coisa que é e nada mais que é, sem quaisquer determinações e propriedades e, portanto, sem o decidido tipo de agir que delas emana: assim como uma *essentia* sem *existentia* não fornece uma realidade (o que Kant ilustrou com o conhecido exemplo de cem táleres), uma *existentia* sem *essentia* também não pode fazê-lo. Pois todo existente deve ter uma natureza essencial e peculiar a ele, em virtude da qual ele é o que é; uma natureza que ele sempre afirma e cujas manifestações são necessariamente provocadas pelas causas, ao passo que essa natureza mesma, por outro lado, não é de modo algum obra dessas causas, nem é modificável por elas. Mas tudo isso se aplica ao homem e à sua vontade tanto quanto a todos os demais seres da natureza. Ele também tem, além de *existencia*, uma *essentia*, isto é, propriedades fundamentais que constituem seu caráter e requerem apenas uma ocasião externa para irromper. Consequentemente, esperar que um homem, diante da mesma ocasião, aja uma vez de uma maneira, mas diferentemente outra vez, é como esperar que a mesma árvore que deu cerejas neste verão produza peras no próximo. Estritamente falando, a liberdade da vontade significa uma *existência* sem *essentia*: o que significa que alguma coisa é e, ao mesmo tempo, é nada, o que, por sua vez, significa que *não* é; portanto, é uma contradição.

A compreensão disso, bem como da validade certa *a priori* e, portanto, sem exceções da lei da causalidade, é responsável pelo fato de que todos os pensadores realmente profundos de todos os tempos, por mais diferentes que sejam suas outras opiniões, concordam em afirmar a necessidade de atos de vontade quando ocorrem os motivos, e em rejeitar o *liberum arbitrium*. De fato, precisamente porque a maioria incalculável de pessoas incapazes de pensar e a massa entregue à aparência e ao preconceito sempre resistiram obstinadamente a essa verdade, esses pensadores a levaram ao extremo para afirmá-la nas expressões mais decisivas e até mesmo audazes. A mais conhecida delas é a do asno de Buridan, a qual, no entanto, há quase cem anos é buscada em vão nos escritos remanescentes de Buridan. Eu mesmo tenho uma edição de seus *Sophismata*, que aparentemente foi impressa no século XV, sem local de edição, ano ou números de páginas, na qual procurei por ela sem sucesso, embora asnos apareçam como exemplos em quase todas as páginas. Bayle, cujo artigo sobre *Buridan* é a base de tudo o que foi escrito a esse respeito desde então, diz muito incorretamente que só se conhece *um* sofisma de Buridan, pois tenho todo um volume in-quarto de *sophismata* seus. Além disso, Bayle, já que trata o tema tão detidamente, deveria conhecer algo que, contudo, também não parece ter sido notado desde então, a saber, que aquele exemplo que, em certa medida, se tornou o símbolo ou tipo da grande verdade defendida por mim aqui é muito mais antigo do que Buridan. Encontra-se em Dante, que possuía todo o conhecimento de seu tempo, viveu antes de Buridan, e fala não de burros, mas de homens, nas seguintes palavras, que abrem o quarto livro de seu *Paraíso*:

Intra duo cibi, distanti e movente
D'un modo, prima si morria di fame,
Che liber' uomo l'un recasse a' denti[9].

[Entre duas iguarias igualmente distantes e apetitosas,
o homem livre morreria de fome
antes de levar uma delas aos dentes.]

De fato, já se encontra em Aristóteles, *De coelo*, II, 13, nestas palavras: Καὶ ὁ λόγος τοῦ πεινῶντος καὶ διψῶντος σφόδρα μέν, ὁμοίως δέ καὶ τῶν ἐδωδίμων καὶ ποτῶν ἴσον ἀπέχοντος καὶ γὰρ τοῦτον ἠρεμεῖν ἀναγκαῖον (*item ea, quae de sitiente vehementer esurienteque dicuntur, cum aeque ab his, quae eduntur atque bibuntur, distat: quiescat enim necesse est*). [O mesmo se diz daquele que tem muita sede e fome igualmente intensas, quando está à mesma distância da comida e da bebida: necessariamente ficará parado onde está.]

Buridan, que havia extraído o exemplo dessas fontes, trocou o homem por um asno, simplesmente porque é hábito desse pobre escolástico tomar como exemplos Sócrates e Platão, ou um *asinum*.

A questão da liberdade da vontade é realmente uma pedra de toque pela qual se podem distinguir os espíritos de pensamento profundo daqueles de pensamento

---

9. *Inter duos cibos aeque remotos unoque modo motos constitutus, homo prius fame periret, quam ut, absoluta liberrate usus, unum eorum dentibus admoveret.*

superficial, ou é um marco de fronteira onde ambos os grupos divergem, na medida em que os primeiros afirmam unanimemente a necessária ocorrência da ação, dados um caráter e um motivo, enquanto os últimos, com a grande massa, aderem à liberdade da vontade. Em seguida, há ainda uma classe intermediária, que, sentindo-se confusa, oscila de um lado para o outro, desloca seu ponto de chegada para si e para os outros, se refugia atrás de palavras e frases, ou torce e vira a questão até não saber mais do que se trata. Assim fez Leibniz, que era muito mais matemático e polímata do que filósofo[10].

Mas para conduzir esses oradores hesitantes diretamente ao tema, é preciso fazer-lhes a pergunta dessa maneira, e não se desviar dela.

1) Para uma respectiva pessoa, em circunstâncias dadas, são possíveis duas ações, ou apenas *uma*? – Resposta de todos os pensadores profundos: apenas uma.

2) O curso de vida percorrido por uma dada pessoa – considerando que, de um lado, seu caráter é imutavelmente fixo e que, por outro, as circunstâncias cuja influência ela teve de experimentar eram necessariamente determinadas por causas externas, completamente e até o mais ínfimo detalhe, causas estas que sempre ocorrem com estrita necessidade e cuja cadeia, consistindo tão somente em membros igualmente necessários, se estende até o infi-

---

10. A inconsistência de Leibniz neste ponto se mostra da maneira mais clara em sua carta a Coste, *Opera Phil.*, ed. Erdmann, p. 447; posteriormente, também na *Teodiceia*, § 45-53.

nito – poderia resultar diferentemente do que resultou, em algum ponto ou outro, por mínimo que fosse, em algum evento ou cena? – "Não!" é aqui a resposta lógica e correta. A conclusão de ambas as proposições é: Tudo o que ocorre, da maior coisa à menor, ocorre necessariamente. *Quidquid fit necessario fit*. [O que quer que aconteça, acontece necessariamente].

Quem se assusta com essas duas proposições ainda tem algumas coisas a aprender e outras a desaprender: mas depois reconhecerá que elas são a mais abundante fonte de consolo e tranquilidade. – Nossas ações certamente não são um primeiro começo, e, portanto, nada realmente novo vêm à existência nelas: *por meio do que fazemos, simplesmente experimentamos o que somos*.

Sobre a convicção, não claramente reconhecida, mas ao menos sentida, da estrita necessidade de tudo o que acontece repousam também a visão do Fatum, do είμαρμένη, tão firmemente estabelecida entre os antigos, bem como o fatalismo dos maometanos, e até mesmo a universal e indestrutível crença nos *omina*, porque até mesmo o menor acidente ocorre necessariamente, e todos os eventos estão, por assim dizer, compassados uns com os outros, de modo que tudo ressoa em tudo. Por fim, também está relacionado com isso o fato de que alguém, sem a menor intenção e por puro acidente, mutilou ou matou outra pessoa, lamenta esse *piaculum* ao longo de sua vida, com um sentimento que parece semelhante ao de culpa, e também experimenta por parte dos outros um tipo especial de descrédito, como *persona piacularis* (pessoa desafortunada). De fato, até mesmo a doutrina cristã da predestinação teve influência da sentida convicção da imutabilidade do caráter e da necessidade de suas manifestações. – Finalmente, não quero suprimir aqui a seguinte observação, completamente secundária, que cada um, dependendo de como pensa sobre certas coisas, pode acolher ou rechaçar como quiser. Se não aceitamos a estrita necessidade de tudo o que acontece, em virtude de uma cadeia causal que liga todos os eventos indistintamente, mas permitimos que esta cadeia seja interrompida em inúmeros pontos por uma liberdade absoluta, então toda *previsão do futuro*, nos sonhos, no sonambulismo clarividente e na segunda visão (*second sight*), torna-se ela mesma *objetivamente* e, por conseguinte, absolutamente *impossível* e, portanto, impensável, porque então não há futuro objetivamente real com a mínima possibilidade que seja de ser previsto, ao passo que nós agora apenas duvidamos das condições *subjetivas* para isso, ou seja, da possibilidade *subjetiva*. E mesmo essa dúvida não pode mais ganhar espaço entre os bem informados de hoje, depois que inúmeros testemunhos, das fontes mais críveis, confirmaram tais antecipações do futuro.

Acrescento algumas considerações, como corolários à doutrina estabelecida da necessidade de tudo o que acontece.

O que seria deste mundo se a necessidade não permeasse e mantivesse todas as coisas juntas e, em especial, se não presidisse a procriação dos indivíduos? Um monstro, um amontoado de escombros, uma careta sem sentido ou significado – ou seja, obra do verdadeiro e puro acaso.

Desejar que alguma ocorrência não tivesse acontecido é um autotormento ridículo: pois é desejar o absolutamente impossível, e é tão irracional quanto desejar que o sol nasça no Oeste. Uma vez que todo acontecimento, tanto grande quanto pequeno, ocorre de modo *estritamente* necessário, é inteiramente inútil refletir sobre como foram triviais e acidentais as causas que provocaram essa ocorrência, e como facilmente poderiam ter sido diversas: pois isso é ilusório, na medida em que elas ocorreram com uma necessidade tão rigorosa e atuaram com um poder tão perfeito como aquelas em consequência das quais o sol nasce no Leste. Em vez disso, devemos considerar os eventos, tal como ocorrem, com o mesmo olhar com que observamos o material impresso que lemos, sabendo muito bem que estava lá antes que o lêssemos.

IV.
Predecessores

Como corroboração à afirmação acima sobre o juízo de todos os pensadores profundos em relação ao nosso problema, lembrarei alguns dos grandes homens que se pronunciaram nesse sentido.

Em primeiro lugar, para tranquilizar aqueles que talvez acreditem que razões religiosas se opõem à verdade que defendo, gostaria de lembrar que Jeremias (10,23) já disse: "O fazer do homem não está em seu poder, e não está no poder de ninguém como caminha, ou dirige seus passos". Mas me refiro, em particular, a Lutero, que, em um livro especialmente escrito para este fim, *De servo arbitrio*, nega a liberdade da vontade com toda a sua veemência. Algumas passagens dali são suficientes para caracterizar sua opinião, que ele naturalmente não apoia em bases filosóficas, mas sim teológicas. Cito-as da edição de Seb. Schmidt, Estrasburgo, 1707. – Na p. 145, podemos ler: *Quare simul in omnium cordibus scriptum invenitur, liberum arbitrium nihil esse; licet obscuretur tot disputationibus contrariis et tanta tot virorum auctoritate.* [Portanto, está escrito em todos os corações que o livre-arbítrio não é nada, por mais que tal afirmação seja obscurecida por tantos argumentos contrários e pela autoridade de tantos homens]. Página 214: *Hoc loco admonitos velim liberi arbitrii tutores, ut sciant, sese esse abnegatores Christi, dum asserunt liberum arbitrium* [Quero alertar aqui aos defensores do livre-arbítrio que, ao afirmarem o livre-arbítrio, estão negando a Cristo]. Página 220: *Contra liberum arbitrium pugnabunt Scripturae testimonia, quotquot de Christo loquuntur. At ea sunt innumerabilia, imo tota Scriptura. Ideo, si Scriptura judice causam agimus, omnibus modis vicero, ut ne jota unum aut apex sit reliquus, qui non damnet dogma liberi arbitrii.* [Em contradição com o livre-arbítrio, haverá tantos testemunhos da Escritura quantos os que falam de Cristo. E estes são inumeráveis, de fato, são toda a Escritura. Pela mesma razão, se tomamos a Escritura como juiz na matéria, vencerei de todos os modos, pois não há um jota ou um ponto que não condenem a crença no livre-arbítrio.]

Passemos agora aos filósofos. Os antigos não devem ser levados seriamente em consideração aqui, pois sua filosofia, ainda em estado de inocência, por assim dizer, ainda não havia tido uma consciência clara dos dois problemas mais profundos e mais sérios da filosofia moderna, a saber: a questão da liberdade da vontade e a da realidade do mundo exterior, ou da relação do ideal com o real. De resto, até que ponto o problema da liberdade da vontade se tornara claro para os antigos pode ser visto relativamente bem na *Ethica Nicom.*, III,

c. 1-8, de Aristóteles, onde descobriremos que seu pensamento sobre isso diz respeito, em essência, apenas à liberdade física e intelectual, o que o leva a falar sempre de ἑκούσιον καὶ ἀκούσιον [voluntário e involuntário], tomando o voluntário e o livre como uma coisa só. O muito mais difícil problema da liberdade moral ainda não se apresentara a ele, embora seus pensamentos às vezes cheguem a esse ponto, especialmente em *Ethica Nicom.*, II, 2, e III, 7 , onde ele, entretanto, cai no erro de deduzir o caráter das ações, e não no sentido inverso. Ele também, muito erroneamente, critica a convicção de Sócrates, que citei acima; em outros lugares, no entanto, ele a torna sua novamente, por exemplo, em *Nicom.*, X, 10: Τὸ μὲν οὖν τῆς φύσεως δῆλον ὡς οὐκ ἐφ᾽ ἡμῖν ὑπάρχει, ἀλλὰ διά τινας θείας αἰτίας τοῖς ὡς ἀληθῶς εὐτυχέσιν ὑπάρχει *(quod igitur a natura tribuitur, id in nostra potestate non esse, sed, ab aliqua divina causa profectum, inesse in iis, qui revera sunt fortunati, perspicuum est)* [Portanto, é evidente que o que é devido à natureza não depende de nós, mas, vindo de alguma causa divina, encontra-se naqueles que são realmente afortunados.]. *Mox*: Δεῖ δὴ τὸ ἦθος προϋπάρχειν πως οἰκεῖον τῆς ἀρετῆς, στέργον τὸ καλὸν καὶ δυσχεραῖνον τὸ αἰσχρόν (Mores igitur ante quodammodo insint oportet, ad virtutem accommodati, qui honestum amplectantur, turpitudineque offendantur) [Assim, é necessário que exista previamente um caráter próprio para a virtude, que abrace o que é honesto e repudie o que é torpe.], o que concorda com a passagem que forneci acima, bem como com *Eth. magna*, I, 11: Οὐκ ἔσται ὁ προαιρούμενος εἶναι σπουδαιότατος, ἂν μὴ καὶ ἡ φύσις ὑπάρξῃ, βελτίων μέντοι ἔσται *(non enim ut quisque voluerit, erit omnium optimus, nisi etiam natura existiterit: melior quidem recte erit)* [Pois não será o melhor de todos quem quer sê-lo, a não ser que a natureza o ajude: mas será, pelo menos, melhor.].

Aristóteles trata a questão da liberdade da vontade da mesma maneira em *Ethica magna*, I, 9-18, e *Ethica Eudemia*, II, 6-10, onde ele se aproxima um pouco mais do problema real: mas tudo é vacilante e superficial. Em toda a parte, ele tem como método não entrar diretamente nas questões, nem proceder analiticamente, mas sinteticamente para tirar conclusões de sinais externos: em vez de penetrar para chegar ao cerne das coisas, ele se detém em características externas, até mesmo em palavras. Este método facilmente conduz ao erro e, no caso de problemas mais profundos, nunca atinge o objetivo. Aqui ele se mantém parado diante do suposto contraste entre o necessário e o voluntário, ἀναγκαῖον καὶ ἑκούσιον, como perante uma parede: mas apenas para além desta se encontra a noção de que o voluntário, precisamente *como tal*, é necessário em virtude do motivo, sem o qual um ato de vontade é tão impossível quanto sem um sujeito que quer; e de que o motivo é uma causa tão boa quanto a mecânica, da qual só difere em coisas não essenciais; ele mesmo diz (*Eth. Eudem.*, II, 10): Ἡ γὰρ οὗ ἕνεκα μία τῶν αἰτιῶν ἐστίν (nam id, cujus gratia, una e causarum numero est). [A causa final é uma das causas]. Portanto, esse contraste entre o voluntário e o necessário é fundamentalmente falso, embora muitos supostos filósofos hoje ainda estejam do lado de Aristóteles.

Cícero expõe com relativa clareza o problema da liberdade da vontade no livro *De fato*, c. 10 e c. 17. Com efeito, o assunto de seu tratado leva muito fácil e naturalmente a ele. Ele próprio é partidário da liberdade da vontade, mas vemos que Crisipo e Diodoro já deviam ter uma consciência mais ou menos clara do problema. – Destaca-se também o trigésimo diálogo dos mortos de Luciano, entre Minus e Sostratos, que nega a liberdade da vontade e com ela a responsabilidade.

Mas, em certa medida, o quarto livro dos Macabeus, na Septuaginta (ausente em Lutero), é um tratado sobre a liberdade da vontade, na medida em que se propõe demonstrar que a razão ((λογισμός) possui o poder de superar todas as paixões e afetos, e atesta isso com mártires judeus no segundo livro.

Para mim, o mais antigo e claro conhecimento do nosso problema se encontra em Clemente de Alexandria (*Strom*. I, §. 17), em que diz: Οὔτε δὲ οἱ ἔπαινοι, οὔτε οἱ ψόγοι, οὔθ' αἱ τιμαί, οὔθ' αἱ κολάσεις, δίκαιαι μὴ τῆς ψυχῆς ἐχούσης τὴν ἐξουσίαν τῆς ὁρμῆς καὶ ἀφορμῆς, ἀλλ' ἀκουσίου τῆς κακίας οὔσης *(nec laudes, nec vituperationes, nec honores, nec supplicia justa sunt, si anima non habeat liberam potestatem et appetendi et abstinendi, sed sit, vitium involuntarium*) [Nem elogios, nem vitupérios, nem honras, nem torturas se justificam se a alma não tem a faculdade livre de desejar e de se abster, mas o vício é involuntário.]: então, após uma referência a algo dito anteriormente, Clemente acrescenta: ἵν' ὅτι μάλιστα ὁ θεὸς μὲν ἡμῖν κακίας ἀναίτιος *(ut vel maxime quidem Deus nobis non sit causa vitii)* [Então, certamente, Deus não é a causa do vício em nós].

Este acréscimo altamente notável mostra em que sentido a Igreja imediatamente compreendeu o problema e qual decisão ela rapidamente antecipou, de acordo com seus interesses – quase 200 anos depois encontramos a doutrina da liberdade da vontade tratada já minuciosamente por Nemésio, em sua obra *De natura hominis*, final do cap. 35, e caps. 39-41. Aqui a liberdade do querer é identificada, sem hesitação, com arbítrio ou poder decisional e, portanto, zelosamente firmada e demonstrada. Apesar de tudo, isso já é uma ventilação do tema.

Mas a consciência plenamente desenvolvida do nosso problema, com tudo o que a ele se prende, nós a encontramos primeiramente no Padre da igreja Agostinho, que por isso entra em consideração aqui, embora seja muito mais teólogo do que filósofo. Em seguida, contudo, nós o vemos em notável embaraço e insegura oscilação diante do problema, o que o leva a inconsistências e contradições em seus três livros *de libero arbitrio*. Por um lado, ao contrário de Pelágio, ele não quer conceder muito à liberdade da vontade até o ponto de que o pecado original, a necessidade de redenção e a livre predestinação fossem suprimidos, e consequentemente o ser humano pudesse se tornar justo e digno de bem-aventurança por suas próprias forças. Ele até mesmo dá a entender no *Argumento in libros de lib. arb. ex Lib.* I, c. 9, *Retractationum desumto*, que ele teria dito mais sobre este lado da controvérsia (que Lutero mais tarde defendeu com tanto vigor) se esses livros não tivessem sido escritos antes do aparecimento de Pelágio, contra cuja opinião ele publicou o livro *De natura et gratia*. Nesse meio tempo, em *De lib. arb.* III, 18, ele diz: *Nunc autem homo non est bonus, nec habet in potestate, ut bonus sit, sive non videndo qualis esse debeat, sive videndo et non volendo esse, qualem debere esse se videt.* – *Mox: vel ignorando non habet liberum arbitrium voluntatis ad eligendum quid recte faciat; vel resistente carnali consuetudine, quae violentia mortalis successionis quodammodo naturaliter inolevit, videat quid recte faciendum sit, et velit, nec possit implere* [Mas o homem não é bom nem tem o poder de ser bom, seja porque não vê o que deveria ser, ou vê e não quer ser o que pensa que deveria ser. – Ou, por ignorância, ele não tem livre-arbítrio para escolher como agir retamente; ou, então, pela resistência do hábito carnal que de alguma forma cresce naturalmente com a violência da sucessão dos mortais, ele vê o que deve fazer e quer, mas não pode fazê-lo]; e no *Argumento* mencionado: *Voluntas ergo ipsa, nisi gratia Dei liberatur a servitute, qua facta est serva peccati, et, ut vitia superet, adjuvetur, recte pieque vivi non potest a mortalibus.* [Portanto, se a própria vontade não é libertada pela graça de Deus da servidão que a tornou escrava do pecado, e não é auxiliada a vencer os vícios, os mortais não podem viver justa e piedosamente.]

Por outro lado, porém, as três razões seguintes o levaram a defender a liberdade do querer:

1) Sua oposição aos *maniqueus*, contra quem os livros *De lib. arg.* são expressamente dirigidos, porque eles negavam o livre-arbítrio e assumiam outra fonte da perversidade e do mal. Ele já faz alusão a eles no último capítulo do livro *De animae quantitate*: *datum est animae liberum arbitrium, quod qui nugatoriis ratiocinationibus labefactare conantur, usque adeo coeci sunt, ut caet* [O livre-arbítrio é dado à alma, e aqueles que procuram com raciocínio frívolo negá-lo são tão cegos que... etc.].

2) O equívoco natural, por mim revelado, em virtude do qual o "Posso fazer o que quero" é tomado por liberdade da vontade e "voluntário" é tomado como imediatamente idêntico à "livre": *De lib. arb.* I, 12: *Quid enim tam in voluntate, quam ipsa voluntas, situm est?* [O que, de fato, depende tanto da vontade quanto a vontade mesma?]

3) A necessidade de conciliar a responsabilidade moral do homem com a justiça de Deus. De fato, a perspicácia de Agostinho não deixou escapar uma dificuldade extremamente séria cuja eliminação é tão difícil que, tanto quanto sei, todos os filósofos posteriores, com exceção

de três, que examinaremos mais de perto em seguida, preferiram evitá-la sutil e silenciosamente, como se não existisse. Agostinho, por outro lado, a expressa com nobre franqueza, sem complicações, logo nas palavras iniciais dos livros *De lib. arb.* I, 12. Dic mihi, quaeso, utrum Deus non sit auctor mali? [Diz-me, eu te rogo, se não é Deus o autor do mal?] E então, com mais detalhes, já no segundo capítulo: *Movet autem animum, si peccata ex his animabus suntquas Deus creavit, illae autem animae ex Deo; quomodo non, parvo intervallo, peccata referantur in Deum.* [Mas isso perturba meu ânimo: se os pecados vêm dessas almas que Deus criou, e essas almas vêm de Deus, como os pecados, em breve intervalo, não recairão sobre Deus?] Ao que o interlocutor responde: *Id nunc plane abs te dictum est, quod me cogitantem satis excruciat.* [Agora disseste exatamente o que também me atormenta, não pouco, em meus pensamentos.] – Lutero retomou essa consideração, extremamente problemática, e a enfatizou com toda a veemência de sua eloquência, em *De servo arbitrio*, p. 144: "*At talem oportere esse Deum, qui* libertate sua necessitatem *imponat nobis, ipsa ratio naturalis cogitur confiteri. – Concessa praescientia et omnipotentia, sequitur naturaliter, irrefragabili consequentia, nos per nos ipsos non esse factos, nec vivere, nec agere quidquam, sed per illius omnipotentiam. – Pugnat ex diametro praescientia et omnipotentia Dei cum nostro libero arbitrio. – Omnes homines coguntur inevitabili consequentia admittere, nos non fieri nostra voluntate, sed necessitate; ita nos non facere quod libet, pro jure liberi arbitrii, sed prout Deus praescivit et agit consilio et virtute infallibili et immutabili*: etc [E a mesma razão natural é obrigada a confessar que Deus deve ser tal que, em sua *liberdade*, nos impõe a *necessidade*. Admitidas a presciência e onipotência, segue-se naturalmente e como consequência irrefutável, que não somos criados, nem vivemos, nem agimos por nós mesmos, mas por sua onipotência. A presciência e a onipotência de Deus são diametralmente opostas ao nosso livre-arbítrio. Todos os homens são irremediavelmente forçados a admitir como consequência que não nos tornamos o que somos por nossa vontade, mas por necessidade; e assim, não fazemos o que nos apraz em virtude do livre-arbítrio, mas de acordo com o que Deus previu e *faz* de acordo com seu conselho e sua virtude infalíveis e imutáveis.].

No início do século XVII, encontramos Vanini completamente repleto desse conhecimento, que são o cerne e a alma de sua persistente rebelião contra o teísmo, embora, sob a pressão da época, ele a tenha ocultado da maneira mais astuta possível. Ele retorna a ela em todas as oportunidades e não se cansa de apresentá-la sob os mais variados pontos de vista. Por exemplo, em seu *Amphitheatro aeternae providentiae*, exercitatio 16 , ele diz: *Si Deus vult peccata, igitur facit: scriptum est "enim omnia quaecunque voluit fecit". Si non vult, tamen committuntur: erit ergo dicendus improvidus, vel impotens, vel crudelis; cum voti sui compos fieri aut nesciat, aut nequeat, aut negligat.... Philosophi inquiunt: si nollet Deus pessimas ac nefarias in orbe vigere actiones, procul dubio uno nutu extra mundi limites omnia flagitia exterminaret, profligaretque: quis enim nostrum divinae potest resistere voluntati? Quomodo invito Deo patrantur scelera, si in actu quoque peccandi scelestis vires subministrat? Ad haec, si contra Dei voluntatem homo labitur, Deus erit inferior homine, qui ei adversatur, et praevalet. Hinc deducunt: Deus ita desiderat hunc mundum, qualis est: si meliorem vellet, meliorem haberet.* [Se Deus quer pecados, ele também os fará ocorrer; de fato está escrito: "todas as coisas que ele quer, ele faz". Se ele não os quer e, no entanto, eles são cometidos, então se deve dizer que ele é imprudente ou impotente ou cruel, porque ou ele não sabe ou não quer, ou negligencia o cumprimento de seu desejo... Dizem os filósofos: se Deus não quisesse que houvesse atos ruins e hediondos no mundo, então sem dúvida ele poderia, com um único aceno de cabeça, exterminar e banir todas as transgressões além dos confins do mundo; quem de nós pode, de fato, resistir à vontade divina? Como pode um delito ser cometido contra a sua vontade se ele mesmo dá ao ímpio a força para pecar? Além disso, se o homem peca contra a vontade de Deus, então Deus é inferior ao homem que se opõe a ele e o vence. Disso eles deduzem que Deus, portanto, quer que o mundo seja o que é; se ele quisesse um melhor, ele teria um melhor.] – E no *exercitatio* 44 podemos ler: *Instrumentum movetur prout a suo principali dirigitur: sed nostra voluntas in suis operationibus se habet tanquam instrumentum, Deus vero ut agens principale; ergo si haec male operatur, Deo imputandum est... Voluntas nostra non solum quoad motum, sed quoad substantiam quoque tota a Deo dependet: quare nihil est, quod eidem imputari vere possit, neque ex parte substantiae, neque operationis, sed totum Deo, qui voluntatem sic formavit, et ita movet... Cum essentia et motus voluntatis sit a Deo, adscribi eidem debent vel bonae, vel malae voluntatis operationes, si haec ad illum se habet velut instrumentum.* [O instrumento é movido de acordo como dispõe aquele que o opera: mas nossa vontade se comporta em suas operações como um instrumento, e Deus é verdadeiramente seu agente principal: então, se ela opera mal, isso deve ser imputado a Deus. Nossa vontade depende totalmente de Deus, não só quanto a seus movimentos, mas também quanto à sua substância: por isso não há nada que possa ser realmente imputado a ela, nem da parte da substância nem de suas operações, mas somente a Deus, que assim fez a vontade e assim a move... Como a essência e o movimento da vontade vêm de Deus, as boas ou más operações da vontade devem ser atribuídas a Ele, se ela se relaciona a Ele como um instrumento.] Mas deve-se ter em mente, no caso de Vanini, que ele usa consistentemente o estratagema de expor na pessoa de um adversário sua opinião real, como uma opinião ele detesta e pretende refutar, e apresentá-la de forma convincente e aprofundada; para então, em sua própria pessoa, opor-se a ela com razões superficiais e argumentos frouxos, e sair triunfante *tanquam re bene gesta* [como se o tivesse feito bem] confiando na malícia de seu leitor. Com essa astúcia, ele enganou até mesmo a altamente erudita Sorbonne, que, levando tudo ao pé da letra, confiadamente concedeu seu *imprimatur* aos seus escritos mais ímpios. Com alegria ainda mais cordial, ela o viu ser queimado vivo três anos depois, após sua língua blasfema ter sido cortada. Pois este é o argumento realmente forte dos teólogos, e desde que o perderam, as coisas retrocederam bastante para eles.

Entre os filósofos no sentido mais estrito, Hume é, se não me engano, o primeiro a não se esquivar da grave dificuldade inicialmente levantada por Agostinho; ao contrário, embora sem mencionar Agostinho ou Lutero, muito menos Vanini, ele a apresenta sem dissimulação em seu *Ensaio sobre liberdade e necessidade*, onde, no final, ele diz: "*The ultimate author of all our volitions is the creator of the world, who first bestowed motion on this immense machine, and placed all beings in that particular position, whence every subsequent event, by an unevitable necessity, must result. Human actions therefore either can have no turpitude at all, as proceeding from so good a cause, or, if they have any turpitude, they must involve our creator in the same guilt, while he is acknowledged to be their ultimate cause and author. For as a man, who fired a mine, is answerable for all the consequences, whether the train employed be long or short; so wherever a continued chain of necessary causes is fixed, that Being, either finite or infinite, who produces the first, is likewise the author of all the rest*"[11]. Ele tenta resolver essa dificuldade, mas no fim admite que a considera insolúvel.

Kant também, independentemente de seus antecessores, encontra o mesmo obstáculo na *Crítica da razão prática*, p. 180ss. da quarta edição, e p. 232 da de Rosenkranz: "Mas parece que, desde que se aceite que Deus, como ser primário universal, é também a *causa* da *existência da substância*, deveremos, também, aceitar que as ações do homem têm n'Aquele o seu fundamento determinante, o que, desse modo, se encontra inteiramente fora do seu poder, isto é, na causalidade de um ser supremo distinto inteiramente dele, do qual dependem absolutamente sua própria existência e toda a determinação de sua causalidade... O ser humano não passaria de um autômato de Vaucanson, construído, carregado de força e posto em movimento pelo Supremo Artífice de todas as coisas; e a autoconsciência faria dele, é verdade, um

---

11. Para alguns leitores será bem-vinda a tradução desta e outras passagens em inglês. "O Autor último de todas as nossas vontades é o Criador do mundo, quem, no início, deu o impulso a esta imensa máquina e colocou todos os seres nesta posição particular, de onde deve resultar, por uma necessidade inevitável, todo evento posterior. Portanto, as ações humanas, ou não podem ser em nada moralmente depravadas, porquanto elas procedem de uma tão boa causa; ou se são depravadas devem envolver nosso Criador na mesma culpa, visto que é reconhecido como sua última Causa e Autor. Pois, do mesmo modo que um homem que faz explodir uma bomba é responsável por todas as consequências, quer seja comprida ou curta a mecha que ele empregou, assim, uma vez que se tenha fixado uma cadeia contínua de causas necessárias, este Ser, seja finito ou infinito, que produz a primeira causa, é igualmente o autor de toda a cadeia."

autômato pensante, no qual, todavia, a consciência de sua espontaneidade, se considerada como liberdade, seria um simples equívoco, já que só comparativamente mereceria ser assim denominada, pois, embora as causas próximas determinantes do seu movimento e uma extensa série de suas causas determinantes sejam internas, a última e suprema se encontra inteiramente em mão alheia". – Ele então procura remover essa grande dificuldade recorrendo à distinção entre coisa em si e fenômeno; mas é tão óbvio que, com essa distinção, não muda nada no essencial desse tema que estou convencido de que Kant não a levava a sério. Além disso, ele mesmo admite a inadequação de sua solução, na p. 184, onde acrescenta: "Mas então qualquer outra solução que se tentou ou poderá ser tentada é mais fácil, mais compreensível? Poder-se-ia, antes, dizer que os mestres dogmáticos da metafísica mostraram mais *astúcia* do que sinceridade, ao deslocar da vista o quanto possível este ponto dificílimo, com a esperança de que, se nada dissessem sobre ele, provavelmente ninguém pensaria nele".

Após esta notável compilação de vozes altamente heterogêneas, todas dizendo a mesma coisa, retorno ao nosso Padre da Igreja. Os fundamentos com as quais ele espera remover a dificuldade que ele já sentira em toda a sua severidade são teológicos, não filosóficos e, portanto, não têm validade incondicional. Como foi dito, o apoio deles é o terceiro motivo, além dos dois mencionados acima, pelo qual ele busca defender um *liberum arbitrium* concedido ao ser humano por Deus. Semelhante coisa, por se colocar no meio separando o Criador e os pecados de sua criatura, seria realmente suficiente para eliminar toda a dificuldade, mas isso se apenas o *liberum arbitrium* – tal como é dito facilmente em palavras e que talvez baste a um pensamento que não vai muito além de palavras – permanecesse ao menos pensável numa consideração séria e profunda. Mas como se pode imaginar que um ser que, segundo toda a sua *existentia* e *essentia*, é obra de outro, é capaz, contudo, de determinar-se radicalmente a si mesmo desde o início e, portanto, ser responsável por suas ações? O princípio *Operari sequitur esse*, isto é, os efeitos de cada ser decorrem de sua constituição, refuta essa suposição, mas é, ele próprio, irrefutável. Se um homem age mal, é porque ele é mau. Mas a esse princípio se une seu corolário: *ergo unde esse, inde operari*.[Portanto, de onde vem o ser, daí vem o agir.] O que diríamos do relojoeiro que estivesse zangado com seu relógio porque não funciona bem? Por mais que se queira fazer da vontade uma *tabula rasa*, ninguém poderá deixar de admitir que se, por exemplo, de duas pessoas, uma delas, do ponto de vista moral, segue um curso de ação totalmente oposto ao da outra, então essa diferença, que deve provir de algum lugar, tem sua razão ou nas circunstâncias externas, caso em que a culpa obviamente não afeta os seres humanos, ou então em uma diferença originária em sua vontade mesma, caso em que novamente a culpa e o mérito não os afetam, se toda sua existência e essência são obras de outrem. Depois que os grandes homens mencionados se esforçaram em vão para encontrar uma saída desse labirinto, admito de bom grado que pensar a responsabilidade moral da vontade humana sem sua asseidade supera minha capacidade de compreensão. Foi, sem dúvida, essa mesma incapacidade que ditou a sétima das oito definições com que Espinosa abre sua Ética: *ea res libera dicetur, quae ex sola naturae suae necessitate existit, et a se sola ad agendum determinatur; necessaria autem, vel potius coacta, quae ab alio determinatur ad existendum et operandum* [Diz-se livre a coisa que existe exclusivamente pela necessidade de sua natureza e que por si só é determinada a agir; e necessária, ou melhor, coagida, a que é determinada por outro a existir e a operar de certa e determinada maneira.].

Pois se uma ação má deriva da natureza, isto é, da constituição inata do ser humano, então a culpa obviamente reside sobre o originador dessa natureza. Por isso, a vontade livre foi inventada. Mas, sob essa suposição, absolutamente não se pode ver de onde surge a ação, porque a livre vontade é, no fundo, uma qualidade puramente *negativa* e significa apenas que nada obriga nem impede o ser humano de agir de uma maneira ou de outra. No entanto, isso nunca deixa claro *do que* a ação, em última análise, surge, pois não deve provir da natureza inata ou adquirida do homem, caso em que se tornaria um fardo para seu criador, nem apenas das circunstâncias externas, na medida em que ela seria atribuída ao acaso; portanto, de toda maneira o ser humano permaneceria isento de culpa – enquanto, de fato, é declarado responsável por ela. A imagem natural de uma vontade livre é uma balança sem peso: está lá suspensa tranquilamente e nunca perderá o equilíbrio a menos que algo seja colocado em um de seus pratos. Assim como ela não pode mover-se por si mesma, a vontade livre também não pode suscitar uma ação por si mesma, porque nada se deriva do nada. Para que a balança se incline para um lado, sobre ela um corpo estranho deve ser colocado, que é então a fonte do movimento. De igual modo, a ação humana deve ser provocada por algo que atue positivamente e seja algo mais do que uma mera liberdade negativa. Mas isso só pode significar duas coisas: ou os motivos o fazem por si sós, isto é, as circunstâncias externas: então o ser humano obviamente não seria responsável pela ação, e, além disso, todas as pessoas teriam de agir da mesma maneira sob as mesmas circunstâncias; ou então surge de sua receptividade a tais motivos, ou seja, de seu caráter inato, isto é, das inclinações que habitam originariamente no homem, que podem variar nos indivíduos e em virtude das quais os motivos têm seu efeito. Mas então a vontade não é mais uma vontade livre, pois essas inclinações são o peso colocado no prato da balança. A responsabilidade recai sobre aquele que as colocou ali, ou seja, sobre aquele de quem o ser humano com tais inclinações é obra. Portanto, o ser humano é responsável por seu fazer apenas no caso em que ele mesmo é sua própria obra, isto é, que tem asseidade.

Todo o ponto de vista aqui exposto sobre o tema permite-nos apreciar tudo o que depende dessa liberdade da vontade, a qual constitui um abismo indispensável entre o Criador e os pecados de sua criatura – e daí se compreende por que os teólogos se apegam a ela com tanta persistência, e por que seus escudeiros, os professores de filosofia, a apoiam devidamente com tanto zelo que, surdos e cegos às mais conclusivas contraprovas dos grandes pensadores, se aferram à liberdade da vontade e lutam por ela como *pro ara et focis* [por altar e lareira].

Mas para finalmente concluir meu relato sobre Agostinho, que interrompi acima: sua opinião, em geral, é que o ser humano realmente só teve uma vontade completamente livre antes da queda, mas depois dela, tendo caído no pecado original, ele teve de esperar sua salvação da predestinação e da Redenção – e isso é o que se chama falar como um Padre da Igreja.

Nesse meio tempo, por meio de Agostinho e sua disputa com maniqueus e pelagianos, a filosofia despertou para a consciência de nosso problema. A partir de então, por meio dos escolásticos, foi-se tornando cada vez mais claro para a filosofia o que testemunham o sofisma de Buridan e a passagem de Dante acima citada. – Mas quem primeiro chegou ao fundo da questão é, ao que parece, Thomas Hobbes, cujo ensaio dedicado expressamente a esse tema, *Quaestiones de libertate et necessitate, contra Doctorem Branhallum*, apareceu em 1656: é um escrito agora raro. Em inglês, encontra-se em *Th. Hobbes moral and political works*, um volume *in folio*, Londres, 1750, p. 469ss., a partir do qual construo a seguinte passagem principal, p. 483:

6) Nothing takes a beginning from itself; but from the action of some other immediate agent, without itself. Therefore, when first a man has an appetite or will to something, to which immediately before he had no appetite nor will; the cause of his will is not the will itself, but something else not in his own disposing. So that, whereas it is out of controversy, that of voluntary actions the will is the necessary cause, and by this which is said, the will is also necessarily *caused* by other things, whereof it disposes not, it follows that voluntary actions have all of them necessary causes, and therefore are *necessitated*.

7) I hold *that* to be a *sufficient* cause, to which nothing is wanting that is needfull to the producing of the *effect*. The same is also a necessary cause: for, if it be possible that a sufficient cause shall not bring forth the effect, then there wanteth somewhat, which was needfull to the producing of it; and so the cause was not *sufficient*. But if it be impossible that a *sufficient* cause should not produce the effect; then is a sufficient cause a *necessary* cause. Hence

it is manifest, that whatever is produced, is produced *necessarily*. For whatsoever is produced has had a *sufficient* cause to produce it, or else it had not been: and therefore also voluntary actions are *necessitated*.

8) That ordinary definition of a free agent (namely that a free agent is that, which, when all things are present, which are needfull to produce the effect, can nevertheless not produce it) implies a contradiction and is Nonsense; being as much as to say, the cause may be *sufficient*, that is to say *necessary*, and yet the effect shall not follow...

– S. 485. Every accident, how contingent soever it seem, or how *voluntary* soever it be, is produced *necessarily*[12].

---

12. 6) Nada começa por si mesmo, mas da ação de algum outro agente imediato externo. Portanto, quando um homem deseja ou quer algo que imediatamente antes não desejava ou queria, a causa de seu querer não é o próprio querer, mas alguma outra coisa que não depende dele. Assim, visto que está fora de questão que das ações voluntárias a vontade é a sua causa, e como consequência do que foi dito, a vontade é também *causada* por outras coisas que não dependem dela, segue-se que todas as ações voluntárias têm causas necessárias e, portanto, são *necessitadas*.
7) Considero causa *suficiente aquela* à qual nada falta do que é necessário para a produção do *efeito*. Tal causa é também uma causa necessária. Pois se fosse possível que uma causa suficiente não produzisse o efeito, então lhe teria faltado algo necessário para a produção dele; e assim a causa não era *suficiente*. Mas se é impossível que uma causa *suficiente* não produza o efeito, então uma causa suficiente é uma causa *necessária*. Daí se segue manifestamente que tudo o que é produzido é produzido *necessariamente*. Pois o que quer que seja produzido teve uma causa *suficiente* que a produziu, do contrário, não teria sido; portanto, também as ações voluntárias são *necessitadas*.
8) A definição usual de agente livre (a saber, um agente livre é aquele que, mesmo que todas as coisas necessárias para produzir a ação

Em seu famoso livro *De cive*, cap. 1, § 7, ele diz: *Fertur unusquisque ad appetitionem ejus, quod sibi bonum, et ad fugam ejus, quod sibi malum est, maxime autem maximi malorum naturalium, quae est mors; idque necessitate quadam naturae non minore, quam qua fertur lapis deorsum.* [Cada qual é desejoso do que é bom, e foge do que é mau, mas acima de tudo do maior dentre todos os males naturais, que é a morte, e isso por certa necessidade da natureza não menor do que aquela pela qual a pedra cai].

Imediatamente após Hobbes, vemos Espinosa imbuído da mesma convicção. Algumas passagens serão suficientes para caracterizar sua doutrina sobre este ponto:

Eth., Parte I, prop. 32: *Voluntas non potest vocari causa libera, sed tantum necessaria.* – Coroll 2. *Nam voluntas, ut reliqua omnia, causa indiget, a qua ad operandum certo modo determinatur.* [A vontade não pode ser chamada de causa livre, mas apenas necessária. Corolário 2: Pois a vontade, como todas as outras coisas, precisa de uma causa pela qual é determinada a operar de certo modo.]

Ibid., Parte II, *scholium ultimum*: *Quod denique ad quartam objectionem (de Buridani asina) attinet, dico, me omnino concedere, quod homo in tali aequilibrio positus (nempe qui nihil aliud percipit quam sitim et famem, ta-*

---

estejam presentes, pode, contudo, não produzi-la) implica uma contradição e é sem sentido; pois equivale a dizer que uma causa pode ser *suficiente*, isto é, *necessária* e não ser seguida pelo efeito.
p. 485. Todo acidente, por mais casual que possa parecer ou por mais *voluntário* que seja, ocorre *necessariamente*.

lem cibum el talem potum, qui aeque ab eo distant) fame et siti peribit. [No que diz respeito à quarta objeção (sobre o burro de Buridan), afirmo poder admitir plenamente que um homem posto em tal equilíbrio (o de não perceber nada além de sede e fome, aquela comida e aquela bebida, igualmente distantes dele) morreria de fome e sede.]

Ibid., P. III, prop. 2. Schol. Mentis decreta eadem necessitate in mente oriuntur, ac ideae rerum actu existentium. Qui igitur credunt, se ex libero mentis decreto loqui vel tacere, vel quidquam agere, oculis apertis somniant. – Epist 62. Unaquaeque res necessario a causa externa aliqua determinatur ad existendum et operandum certa ac determinata ratione. Ex. gr. lapis a causa externa, ipsum impellente, certam motus quantitatem accipit, qua postea moveri necessario perget. Concipe jam lapidem, dum moveri pergit, cogitare et scire, se, quantum potest, conari, ut moveri pergat. Hic sane lapis, quandoquidem sui tantummodo conatus est conscius et minime indifferens, se liberrimum esse et nulla alia de causa in motu perseverare credet, quam quia vult. Atque haec humana illa libertas est, quam omnes habere jactant, et quae in hoc solo sonsistit, quod homines sui appetitus sint conscii, et causarum, a quibus determinantur, ignari. – His, quaenam mea de libera et coacta necessitate, deque ficta humana libertate sit sententia, satis explicui. [E, assim, essas decisões da mente surgem na mente com a mesma necessidade que as ideias das coisas existentes em ato. Aqueles, portanto, que julgam que é por uma livre decisão da mente que falam, se calam ou fazem seja o que for, sonham de olhos abertos. – Carta 62. Com efeito, cada coisa é necessariamente determinada por alguma causa externa a existir e a operar de maneira certa e determinada. Por exemplo, uma pedra recebe de uma causa externa, sua impelente, certa quantidade de movimento, a qual depois, cessando o impulso da causa externa, continuará necessariamente a mover-se. Concebe agora uma pedra que, enquanto continua em movimento, é capaz de pensar e saber que ela está se esforçando tanto quanto pode para continuar a se mover. Esta pedra, sendo consciente apenas de seu próprio esforço, e de modo nenhum indiferente, acreditará que é completamente livre e que a causa de perseverar no movimento é unicamente porque quer e nenhuma outra causa. E esta é aquela liberdade humana que todos se vangloriam de possuir, e que consiste apenas no fato de que os homens são conscientes de seus apetites, mas ignoram as causas pelas quais eles são determinados... Expliquei, assim, suficientemente meu parecer acerca da necessidade livre e coagida, e acerca do que é a fictícia liberdade humana.]

É, no entanto, uma circunstância digna de nota que Espinosa tenha chegado a essa percepção apenas em seus últimos anos (ou seja, aos quarenta), ao passo que anteriormente, em 1665, quando ainda era cartesiano, em sua *Cogitatis metaphysicis*, c. 12, havia defendido decidida e vigorosamente a opinião contrária. E até mesmo em direta contradição com o *Scholio ultimo Partis* II há pouco citado, ele havia dito em relação ao sofisma de Buridan: *Si enim hominem loco asinae ponamus in tali aequilibrio positum, homo, non pro re cogitante, sed pro turpissimo asino erit habendus, si fame et siti pereat.* [Mas se supusermos um homem no lugar do burro posto em tal equilíbrio, e caso morra de fome e sede, ele deveria ser considerado, não uma substância pensante, mas o mais vil dos burros.] Mais abaixo, terei de relatar a mesma mudança de opinião e conversão de dois outros grandes homens. Isso mostra como é difícil e profunda a correta compreensão do nosso problema.

Hume, em seu *Ensaio sobre liberdade e necessidade*, do qual já citei acima uma passagem, escreve com a mais clara convicção da necessidade de atos individuais de vontade, uma vez dados os motivos, e os apresenta com suma clareza em sua maneira compreensível a todos. Ele diz: *Thus it appears that the conjunction between motives and voluntary actions is as regular and uniform as that between the cause and effect in any part of nature.* E mais adiante: *It seems almost impossible, therefore, to engage either in science or action of any kind, without acknowledging the doctrine of necessity and this inference from motives to voluntary actions, from character to conduct*[13].

---

13. Parece então que a conjunção entre motivos e ações voluntárias é tão regular e uniforme como a que existe entre a causa e o efeito em qualquer parte da natureza. Por conseguinte, parece quase impossível empreender algo, seja na ciência ou em ações de qualquer tipo, sem reconhecer a doutrina da necessidade, e aquela inferência dos motivos às ações voluntárias, do caráter à conduta.

Mas nenhum escritor mostrou a necessidade dos atos de vontade de forma tão detalhada e convincente quanto Priestley, em sua obra dedicada exclusivamente a esse assunto, *A Doutrina da necessidade filosófica*. Quem não é convencido por este livro escrito de forma extremamente clara e compreensível deve realmente ter o entendimento paralisado por preconceitos. Para caracterizar seus resultados, apresento algumas passagens, que cito da segunda edição, Birmingham, 1782.

> Prefácio, p. XX. *There is no absurdity more glaring to my understanding, than the notion of philosophical liberty.* – P. 26: *Without a miracle, or the intervention of some foreign cause, no volition or action of any man could have been otherwise, than it has been.* – P. 37: *Though an inclination or affection of mind be not gravity, it influences me and acts upon me as certainly and necessarily, as this power does upon a stone.* – P. 43: *Saying that the will is* self-determined, *gives no idea at all, or rather implies an absurdity, viz: that a* determination, *which is an* effect, *takes place, without any cause at all. For exclusive of every thing that comes under the denomination of* motive, *there is really nothing at all left, to produce the determination. Let a man use what words he pleases, he can have no more conception how we can sometimes be determi-*

ned by motives, and sometimes without any motive, than he can have of a scale being sometimes weighed down by weights, and sometimes by a kind of substance that has no weight at all, which, whatever it be in itself, must, with respect to the scale be nothing. – P. 66: *In proper philosophical language, the motive ought to be call'd the proper cause of the action. It is as much so as any thing in nature is the cause of any thing else.* – P. 84: *It will never be in our power to choose two things, when all the previous circumstances are the very same.* – P. 90: *A man indeed, when he reproaches himself for any particular action in his passed conduct, may fancy that, if he was in the same situation again, he would have acted differently. But this is a mere deception; and if he examines himself strictly, and takes in all circumstances, he may be satisfied that, with the same inward disposition of mind, and with precisely the same view of things, that he had then, and exclusive of all others, that he has acquired by reflection since, he could not have acted otherwise than he did.* – P. 287: *In short, there is no choice in the case, but of the doctrine of necessity or absolute nonsense*[14].

---

14. Prefácio. P. XX Para meu entendimento, não há absurdo mais flagrante do que o conceito de liberdade moral. P. 26: Sem um milagre ou a intervenção de alguma causa externa, nenhum ato de

Agora deve-se notar que ocorreu a Priestley o mesmo que a Espinosa e ainda a outro grande homem que logo será mencionado. Pois Priestley diz no Prefácio da primeira edição, p. xxvii:

I was not however a ready convert to the doctrine of necessity. Like Dr. Hartley himself, I gave up my liberty with great reluctance, and in a long correspondence, which

---

vontade ou ação de um homem qualquer poderia ter sido diferente de como foi. – P. 37: Ainda que uma inclinação ou determinação de meu ânimo não seja a gravidade, ela ainda assim tem uma influência tão certa e necessária sobre mim como aquela força tem sobre uma pedra. – P. 43: A afirmação de que a vontade é *autodeterminada* não fornece absolutamente nenhuma ideia ou, antes, implica um contrassenso, a saber, o de que uma *determinação*, que é um *efeito*, ocorre sem causa alguma. Pois, se excluímos tudo que é entendido sob a denominação de *motivo*, não resta, de fato, nada que pudesse provocar aquela determinação. Que alguém use as palavras que bem entender, ele não pode conceber como nós seríamos determinados a algo umas vezes por motivos, e outras sem quaisquer motivos, mais do que pode conceber que uma balança ora se incline para baixo por pesos, ora por um tipo de substância que não tivesse peso algum e que, fosse o que fosse em si mesma, não seria *nada* em relação à balança. P. 66: Na expressão filosófica adequada, o motivo deveria ser chamado de *causa própria* da ação: pois ele o é tanto quanto qualquer coisa na natureza é a causa da outra. P. 84: Nunca estará em nosso poder fazer duas escolhas diferentes, quando todas as circunstâncias anteriores são exatamente as mesmas. – P. 90: De fato, quando um homem se censura por qualquer ação particular em sua conduta passada, pode imaginar que, se estivesse de novo na mesma situação, agiria de maneira diferente. Mas isso é mero *engano*; e se ele se examina estritamente e leva em conta todas as circunstâncias, pode-se convencer de que, com a mesma disposição de ânimo, e com precisamente a mesma visão das coisas que ele tinha então, e excluindo todas as outras que ele adquiriu *depois* pela reflexão, não poderia ter agido diferentemente de como agiu. – P. 287: Em suma, não há nesse caso senão a alternativa entre a doutrina da necessidade ou o contrassenso absoluto.

> *I once had on the subject, I maintained very strenuously the doctrine of liberty, and did not at all yield to the arguments then proposed to me*[15].

O terceiro grande homem a quem aconteceu a mesma coisa é Voltaire, que o relata com sua amabilidade e singeleza características. De fato, em seu *Traité de metaphysique*, cap. 7, ele havia defendido detalhada e vigorosamente a chamada liberdade da vontade. Mas em seu livro *Le philosophe ignorante*, escrito mais de quarenta anos depois, ele ensina a estrita necessidade dos atos de vontade, no capítulo 13, que ele conclui assim: *Archimède est également nécessité de rester dans sa chambre, quand on l'y enferme, et quand il est si fortement occupé d'un problème, qu'il ne reçoit pas l'idée de sortir: Ducunt volentem fata, nolentem trahunt. L'ignorant qui pense ainsi n'a pas toujours pensé de même, mais il est enfin contraint de se rendre.* [Arquimedes é obrigado a permanecer em seu quarto porque o trancaram aí, como quando está tão ocupado com um problema que não lhe ocorre a ideia de sair. O destino conduz quem consente, arrasta quem resiste. O ignorante que pensa assim nem sempre pensou igual, mas acaba sendo forçado a se render]. No livro seguinte,

---

15. No entanto, não me converti facilmente à doutrina da necessidade. Como o próprio dr. Hartley, abri mão de minha liberdade com grande relutância e, em longa correspondência que tive certa vez sobre o assunto, defendi muito vigorosamente a doutrina da liberdade, e não cedi de modo algum aos argumentos a mim propostos.

Le principe d'action, ele diz no cap. 13: "*Une boule, qui en pousse une autre, un chien de chasse, qui court nécessairement et volontairement après un cerf, ce cerf, qui franchit un fossé immense avec non moins de nécessité et de volonté: tout cela n'est pas plus invinciblement déterminé que nous le sommes à tout ce que nous fesons*". [Uma bola que empurra outra, um cão de caça que corre necessária e voluntariamente atrás de um cervo, este cervo que salta um fosso imenso com não menos necessidade e vontade: tudo isto não é mais invencivelmente determinado do que nós somos a tudo o que fazemos.]

Essa idêntica conversão de três cabeças tão eminentes à nossa visão certamente deve deixar pensativo qualquer um que se proponha desafiar as verdades bem fundamentadas com o "mas posso fazer o que quero" de sua autoconsciência simplória, que não diz nada sobre o tema.

Depois desses seus predecessores mais próximos, não deve nos surpreender que Kant tenha tomado a necessidade com que o caráter empírico é determinado a ações pelos motivos como algo já estabelecido, tanto para ele como para outros, sem perder tempo para prová-la novamente. Ele inicia suas "Ideias para uma história universal" da seguinte maneira: "Qualquer que seja o conceito que se faça, em termos metafísicos, da *liberdade da vontade*, os seus *fenômenos*, as ações humanas, são determinados segundo leis naturais universais como todo outro acontecimento natural". – Na *Crítica da razão pura* (p. 548 da primeira, ou p. 577, da quinta edição), ele diz: "Visto que o caráter empírico mesmo deve ser extraído, enquanto efeito, dos fenômenos e das regras destes que a experiência fornece, então todas as ações humanas, no fenômeno, são determinadas, segundo a ordem da natureza, a partir de seu caráter empírico e das demais causas concomitantes; e se nós pudéssemos investigar até o fundamento todos os fenômenos de seu arbítrio, não haveria uma única ação humana que não pudéssemos prever com segurança e conhecer como necessária a partir de suas condições precedentes. Portanto, em relação a esse caráter empírico, não há liberdade; e somente de acordo com esse caráter podemos considerar o homem quando simplesmente *observamos* e, tal como ocorre na antropologia, queremos investigar fisiologicamente as causas motrizes de suas ações". No mesmo livro, p. 798 da primeira, ou p. 826 da quinta edição, lemos: "Mesmo que a nossa vontade possa ser livre, isto só pode dizer respeito à causa inteligível de nosso querer. Pois, no que se refere aos fenômenos de suas exteriorizações, ou seja, às suas ações, nós, segundo uma máxima fundamental e inviolável sem a qual não podemos exercer a razão em seu uso empírico, temos de explicá-los da mesma forma como explicamos todos os demais fenômenos da natureza, a saber, segundo suas leis imutáveis". – Então, na *Crítica da razão prática*, p. 177 da quarta edição, ou p. 230 da de Rosenkranz: "Portanto podemos admitir que, se nos fosse possível conhecer a maneira de pensar de um homem do modo como esta se mostra nas ações tanto internas como externas, tão a fundo que nos fossem conhecidos todos os seus móveis, mesmo os menores, assim como todas as circunstâncias externas atuando sobre eles, poderíamos calcular a conduta futura de um homem, com a mesma certeza com que calculamos um eclipse lunar ou solar". Mas a isso ele vincula sua doutrina da coexistência de liberdade e necessidade, em virtude da distinção entre o caráter inteligível e o empírico, uma visão a que retornarei abaixo, já que a abraço plenamente. Kant a expôs duas vezes, nomeadamente na *Crítica da razão pura*, p. 532-554 da primeira edição, ou p. 560-582 da quinta, porém ainda mais claramente na *Crítica da razão prática*, p. 169-179 da quarta edição, ou p. 224-231 da de Rosenkranz. Quem pretende adquirir um conhecimento fundamental sobre a compatibilidade da liberdade humana com a necessidade das ações deve ler estas passagens pensadas com extrema profundidade.

O presente tratado sobre o assunto difere das realizações de todos esses nobres e veneráveis predecessores em dois pontos principais: primeiro, porque, guiado pela questão do concurso, separei estritamente a percepção interna da vontade na autoconsciência da externa, e considerei cada uma das duas por si mesma, o que permitiu, pela primeira vez, desvendar a origem do engano que atua tão irresistivelmente sobre a maioria das pessoas; em segundo lugar, considerei a vontade em conexão com todo o restante da natureza, o que ninguém fez antes de mim, e pelo que o assunto pôde ser tratado, pela primeira vez, com a profundidade, a compreensão metódica e a totalidade de que é capaz.

Agora algumas palavras sobre alguns autores que escreveram depois de Kant, mas que não considero meus predecessores.

Schelling forneceu uma paráfrase explicativa da importantíssima doutrina de Kant, há pouco elogiada, sobre o caráter inteligível e empírico, em seu *Investigação sobre a liberdade humana*, p. 465-471. Essa paráfrase, pela vivacidade de seu colorido, pode servir a muitos para tornar as coisas mais compreensíveis do que poderia fazê-lo a profunda, mas seca, apresentação kantiana. Entretanto não devo mencioná-la, sem censurar, em honra da verdade e de Kant, o fato de que Schelling aqui, onde apresenta uma das mais importantes e admiráveis e até mesmo, na minha opinião, a mais profunda de todas as doutrinas kantianas, não diz claramente que o que ele está apresentando pertence, em termos de conteúdo, a Kant, e, ao contrário, se expressa de tal modo que a grande maioria dos leitores, que não tem exatamente presente o conteúdo das extensas e difíceis obras do grande homem, é levada a supor que está lendo ali os próprios pensamentos de Schelling. Por meio de apenas *um* testemunho entre muitos, quero mostrar até que ponto o sucesso correspondeu a essa intenção. Ainda em nossos dias, um jovem professor de filosofia de Halle, o sr. Erdmann, em seu livro de 1837, intitulado *Corpo e alma*, p. 101, diz: "Embora Leibniz, de maneira semelhante a Schelling em seu tratado sobre a liberdade, admita que a alma seja determinada anteriormente a todo tempo" etc. Aqui, portanto, Schelling está, em relação a Kant, na afortunada posição de Amerigo em relação a Columbus: a descoberta feita por outrem está carimbada com seu nome. Mas Schelling também deve isso à sua astúcia, não ao acaso. Pois ele começa, na página 465: "Foi o idealismo o primeiro a elevar a doutrina da liberdade àquele âmbito" etc., e então se seguem imediatamente os pensamentos de Kant. Assim, em vez de dizer Kant aqui, de acordo com a honestidade, ele diz astutamente *idealismo*: sob essa expressão ambígua, porém, todos compreenderão a filosofia de Fichte e a primeira filosofia fichteana de Schelling, mas não a doutrina de Kant, já que este havia protestado contra a denominação de idealismo para sua filosofia (por exemplo, *Prolegomena*, p. 51, e p. 155, Rosenkr.), e até mesmo acrescentado uma "Refutação do idealismo" em sua segunda edição da *Crítica da razão pura*, p. 274. Na página seguinte, Schelling menciona muito habilmente o "conceito kantiano" numa frase secundária, a fim de apaziguar aqueles que já sabem que aqui são riquezas kantianas que são tão pomposamente trazidas à luz como se fossem seus próprios bens. Mas então é dito na página 472, desafiando toda verdade e justiça, que Kant *não* tinha se elevado a essa visão na teoria etc., embora todos possam ver claramente, das duas passagens imortais de Kant cuja leitura recomendei acima, que essa visão pertence original e exclusivamente a ele, uma visão que, sem Kant, nem mil cabeças como as dos senhores Fichte e Schelling teriam sido capazes de compreender. Como eu tinha de falar aqui do tratado de Schelling, não poderia me calar sobre este ponto, mas apenas cumpri meu dever para com esse grande mestre da humanidade, o único que, junto com Goethe, é o justo orgulho da nação alemã, reivindicando para ele o que indiscutivelmente somente a ele pertence – especialmente em um momento em que o dito de Goethe se aplica com toda propriedade: "A garotada é dona da rua". – Aliás, Schelling, no mesmo ensaio, demonstra a mesma falta de escrúpulo em se apropriar dos pensamentos e até mesmo das palavras de Jakob Böhme, sem revelar sua fonte.

Além dessa paráfrase dos pensamentos kantianos, essas "Investigações sobre a liberdade" não contêm nada que possa servir para nos fornecer explicações novas ou completas sobre ela. Isso também é anunciado logo no início, pela definição: a liberdade é uma "faculdade do bem e do mal". Tal definição pode ser adequada para o catecismo, mas em filosofia ela não diz nada e, consequentemente, com ela também não se inicia nada. Pois bem e mal estão longe de serem conceitos simples (*notiones simplices*) que, sendo claros em si mesmos, não requereriam nenhuma explicação, estabelecimento ou fundamentação. Em geral, apenas uma pequena parte daquele tratado trata da liberdade: seu conteúdo principal é, antes, um relato detalhado de um deus de quem o senhor autor revela ter um conhecimento íntimo, já que ele nos descreve até mesmo sua origem; só é lamentável que ele não mencione uma palavra sequer sobre como chegou a essa intimidade. O começo do tratado é uma teia de sofismas, cuja superficialidade será reconhecida por quem não se deixa intimidar pela audácia do tom.

Desde então e como resultado deste e de outros produtos semelhantes, "intuição intelectual" e "pensamento absoluto" tomaram o lugar de conceitos claros e da pesquisa honesta na filosofia alemã: impressionar, desconcertar, mistificar, jogar poeira nos olhos do leitor com todo tipo de truques converteu-se em método, e a discussão é sempre guiada pela intenção em vez da compreensão. Com tudo isso, a filosofia, se ainda queremos chamá-la assim, teve de cair cada vez mais e mais fundo, até que finalmente atingiu o nível mais profundo de rebaixamento na criatura ministerial Hegel: este, para sufocar de novo a liberdade de pensamento conquistada por Kant, fez da filosofia, filha da razão e futura mãe da verdade, o instrumento dos fins do Estado, do obscurantismo e do jesuitismo protestante: mas para encobrir a desgraça e, ao mesmo tempo, produzir o maior embotamento possível das mentes, Hegel lançou sobre ela o manto da verborragia mais vazia e do galimatias mais absurdo que já foram ouvidos, pelo menos fora do hospício.

Na Inglaterra e na França, a filosofia, como um todo, se encontra quase onde Locke e Condillac a deixaram. Maine de Biran, chamado por seu editor, o Sr. Cousin, "le premier métaphysicien Français de mon temps", é em suas *Nouvelles considérations du physique et Moral*, publicadas em 1834, um defensor fanático do *liberum arbitrium indifferentiae* e o toma como uma coisa completamente autoevidente. Muitos dos recentes escribas filosóficos alemães procedem de igual modo: para eles, o *liberum arbitrium indifferentiae*, sob o nome de "liberdade moral", aparece como uma coisa estabelecida, como se todos os grandes homens listados acima nunca tivessem existido. Eles explicam a liberdade de vontade como dada imediatamente na autoconsciência e, portanto, tão solidamente constatada que todos os argumentos contrários não podem ser nada mais que sofismas. Essa sublime confiança só surge do fato de que essa boa gente nem sabe o que é e o que significa liberdade de vontade; mas, na sua inocência, entende por ela tão somente o domínio da vontade sobre os membros do corpo analisado em nossa segunda seção, e do qual nenhuma pessoa sensata jamais duvidou e cuja expressão é justamente aquele "Posso fazer o que quero".

Eles creem honestamente que essa é a liberdade da vontade, e insistem que ela está além de qualquer dúvida. É precisamente a esse estado de inocência que, depois de tantos grandes predecessores, a filosofia hegeliana reduziu o espírito pensante alemão. A pessoas desse tipo poderíamos de fato gritar:

> Não sois como as mulheres que
> sempre voltam à primeira palavra
> quando já se argumentou com elas durante horas?

No entanto, em alguns deles, os motivos teológicos indicados acima podem estar silenciosamente em ação silenciosamente. E, de novo, os autores de medicina, zoologia, história, política e literatura de nossos dias: com que prazer aproveitam todas as oportunidades para mencionar a "liberdade humana", a "liberdade moral"! Ao fazê-lo, eles julgam ser alguma coisa. Evidentemente, não se aventuram a oferecer uma explicação disso; mas se nos permitissem examiná-los, descobriríamos que ou eles não estão pensando em absolutamente nada, ou estão pensando no nosso velho, honesto e conhecido *liberum arbitrium indifferentiae*, não importa com que locuções elegantes eles tentem revesti-lo. Este é um conceito de cuja inadmissibilidade nunca teremos êxito em convencer a grande multidão, mas sobre o qual os doutos deveriam se guardar de falar com tanta inocência. Por isso há também entre eles alguns desesperados, que chegam a ser divertidos porque não ousam mais falar de liberdade da vontade, mas, para dar-lhe um ar mais requintado, dizem "liberdade de espírito" e esperam com isso se safar despercebidos. Felizmente, ao leitor que me olha interrogativamente, posso dizer o que eles pensam com isso: nada, absolutamente nada – exceto que esta é, conforme o bom costume e estilo alemães, uma expressão indecisa, aliás, uma expressão que não diz absolutamente nada, que oferece ao seu vazio e sua covardia a desejada emboscada para escapar. A palavra espírito, na verdade uma figura de linguagem, designa em toda parte as habilidades intelectuais, em oposição à vontade: mas estas habilidades não devem ser livres em seu atuar, mas tem de primeiramente se adaptar, se submeter e se subjugar às regras da lógica, e, então, a cada *objeto* de seu conhecimento, a fim de apreender puramente, isto é, objetivamente, e nunca se diga *stat pro ratione voluntas* [A vontade está no lugar da razão]. Em geral, esse "espírito", que perambula por toda parte na literatura alemã atual, é uma figura totalmente suspeita, cujo passaporte, portanto, deve ser pedido onde quer que ela se encontre. Seu ofício mais comum é servir de máscara para a pobreza de pensamento associada à covardia.

Ademais, sabe-se que a palavra *Geist* [espírito] está relacionada à palavra *Gas*, que, derivada do árabe e da alquimia, significa vapor ou ar, assim como *spiritus*, πνεῦμα, animus, é aparentado com ἄνεμος.

Assim, esse é o estado de coisas em relação ao nosso tema, no mundo filosófico e no mundo cultural mais amplo, após tudo o que os grandes espíritos mencionados ensinaram sobre ele; o que novamente confirma que não só a natureza, em todos as épocas, produziu pouquíssimos pensadores reais, como raras exceções, mas que também esses poucos sempre existiriam para muito poucos. Justamente por isso, a ilusão e o erro continuam a afirmar seu domínio.

Em matéria moral, o testemunho dos grandes poetas também é importante. Eles não falam de acordo com uma investigação sistemática, mas a natureza humana está aberta ao seu olhar penetrante: portanto, suas declarações atingem a verdade imediatamente. – Em Shakespeare, *Medida por medida*, ato 2, cena 2, Isabela pede ao vice-regente Ângelo misericórdia para seu irmão, condenado à morte:

> *Angelo. I will not do it.*
> *Isab. But can you if you would?*
> *Ang. Look, what I* will *not, that I cannot* do[16].

Em *Noite de reis*, ato 1, lemos:

> *Fate show thy force, ourselves we do not owe,*
> *What is decree'd must be, and be this so*[17].

Também Walter Scott, esse grande conhecedor e pintor do coração humano e seus movimentos mais secretos, trouxe à luz essa verdade profunda em seu *St. Ronan's Well*, vol. 3, cap. 6. Ele retrata uma pecadora penitente moribunda que, em seu leito de morte, tenta aliviar com confissões sua consciência perturbada, e, em meio a elas, ele a faz dizer:

> *Go, and leave me to my fate; I am the most detestable wretch, that ever liv'd, – detestable to myself, worst of all; because even in*

---

16. Angêlo – Não o farei.
Isabela – Mas poderíeis, caso o quisésseis?
Ângelo – Olha, não *posso* fazer o que não *quero*.
17. Destino, mostra tua força. Não somos donos de nós mesmos. O que está decretado deve ser, e que assim seja.

my penitence there is a secret whisper that tells me, that were I as I have been, I would again act over all the wickedness I have done, and much worse. Oh! for Heavens assistance, to crush the wicked thought![18]

Uma corroboração *dessa* apresentação poética é fornecida pelo seguinte fato que é paralelo a ela e ao mesmo tempo confirma fortemente a doutrina da constância do caráter. Em 1845, foi transmitida do jornal francês *La Presse* para o *Times*, em 2 de julho de 1845, do qual o traduzo. A manchete diz: Execução militar em Oran.

Em 24 de março, o espanhol Aguilar, também conhecido como Gomez, foi condenado à morte. Na véspera da execução, ele disse, em conversa com seu carcereiro: "Não sou tão culpado quanto dizem que sou: sou acusado de ter cometido 30 assassinatos, enquanto cometi só 26. Desde a infância tenho sede de sangue: aos 7 anos e meio esfaqueei uma criança. Matei uma mulher grávida e, mais tarde, um oficial espanhol, pelo que me senti compelido a fugir da Espanha. Fugi para a França, onde cometi dois crimes antes de ingressar na Legião Estrangeira. De todos os meus crimes, o que mais me causa arrependimento é o seguinte: em 1841, à frente da minha companhia, fiz

---

18. Vai, e abandona-me ao meu destino; sou a mais miserável e detestável criatura que já viveu – detestável para mim mesma, a pior de todas. Pois, mesmo em minha penitência, há um sussurro secreto que me diz que, se agora fosse como fui, faria novamente todos os males que cometi, e muito piores. Oh!, que o céu me ajude a esmagar esse pensamento perverso!

prisioneiro um comissário geral, que era escoltado por um sargento, um cabo e 7 homens: mandei decapitá-los todos. A morte dessas pessoas pesa sobre mim: eu as vejo em meus sonhos, e amanhã eu as verei nos soldados que receberam ordens para atirar em mim. *No entanto, se eu recuperasse minha liberdade, ainda mataria outros*".

A seguinte passagem em *Ifigênia* de Goethe (ato 4, cena 2) também é pertinente aqui:

> Arkas. Pois não atendeste ao conselho fiel.
> Ifigênia. O que pude, eu o fiz com gosto.
> Arkas. Ainda tens tempo para mudar de ideia.
> Ifigênia. Isso nunca está em nosso poder.

Uma passagem famosa no *Wallenstein*, de Schiller, também expressa nossa verdade fundamental.

> Conhecei os feitos e pensamentos do homem!
> Não são como as ondas do mar movendo-se cegamente.
> O mundo interior, seu microcosmo, é
> o poço profundo de onde brotam eternamente.
> São necessários, como o fruto da árvore,
> E o jogo do acaso não pode mudá-los.
> Depois de examinar o âmago do ser humano,
> também sei o que ele quer e o que faz.

V.
Conclusão e consideração superior

Foi com prazer que recordei aqui todos aqueles gloriosos predecessores, tanto poéticos como filosóficos, da verdade que defendi. No entanto, as armas do filósofo não são autoridades, mas razões; portanto, foi apenas com elas que conduzi meu caso. Mas espero ter-lhes dado tal evidência que agora estou justificado em extrair a conclusão *a non posse ad non esse* [de não ser possível a não ser], pela qual a resposta negativa à questão formulada ela Real Sociedade – resposta que, após a investigação da autoconsciência, foi fundamentada acima direta e efetivamente e consequentemente *a posteriori* – agora também é fundamentada indiretamente e *a priori*: pois aquilo que absolutamente não existe não pode ter na autoconsciência dados a partir dos quais possa ser demonstrado.

Embora a verdade aqui defendida seja daquelas que podem se opor às noções preconcebidas da multidão míope e até mesmo escandalizar os fracos e os ignorantes, isso não pôde me impedir de expô-la sem hesitação ou reservas: considerando que não estou falando ao povo, mas a uma Academia esclarecida, que não formulou sua questão de grande atualidade para fortalecer o preconceito, mas para honrar a verdade. – Além disso, enquanto se tratar de apurar e autenticar uma verdade, o honesto investigador da verdade olhará sempre apenas para as suas razões e não as suas consequências, para as quais terá tempo depois, quando a verdade for estabelecida. Examinar as razões apenas, sem preocupação com as consequências, e não perguntar primeiramente se uma verdade reconhecida também está ou não em harmonia com o sistema de nossas convicções restantes – isso é o que Kant já recomendou, cujas palavras não posso me abster de repetir aqui: "Isso fortalece a máxima, já conhecida e enaltecida por outros, de, em toda investigação científica, prosseguir o caminho com toda a exatidão e a franqueza possível, sem se voltar para o que porventura ela pudesse infringir fora de seu campo, mas, na medida do possível, executando-a por si só, verdadeira e completamente. A observação reiterada convenceu-me de que, quando se levou a este assunto a termo, aquilo que no meio do caminho pareceu-me por vezes muito duvidoso em vista de outras doutrinas estranhas, tão logo eu afastava por longo tempo dos olhos essa dúvida e prestava atenção somente em meu assunto até que ele estivesse concluído, finalmente, de modo inesperado, concordava perfeitamente com aquilo que se havia descoberto por si mesmo, sem a mínima consideração por aquelas doutrinas, sem parcialidade e preferência por elas. Os escritores poupariam muitos erros, e esforço desperdiçado (pois ele se fundava em ilusão), se apenas pudessem decidir-se a proceder com um pouco mais de franqueza". (*Crítica da razão prática*, p. 190 da quarta edição, ou p. 239 da de Rosenkranz).

Nossos conhecimentos metafísicos em geral ainda estão extremamente longe de uma certeza tal que devêssemos rejeitar alguma verdade fundamentalmente provada porque as consequências desta não correspondam a tais conhecimentos. Pelo contrário, toda verdade alcançada e estabelecida é uma parte conquistada no território dos problemas do saber em geral, e um ponto fixo no qual se podem aplicar as alavancas que moverão outras cargas, e do qual, em casos favoráveis, podemos nos projetar, de uma vez, para uma visão mais elevada do todo. Pois o encadeamento das verdades em cada área do saber é tão grande que qualquer um que tenha assegurado a posse de uma só pode sempre esperar que conquistará o todo a partir daí. Assim como no caso de um problema algébrico difícil, uma única quantidade positivamente dada é de valor inestimável porque torna a solução possível, também na mais difícil de todas as tarefas humanas, que é a metafísica, o conhecimento certo, demonstrado *a priori* e *a posteriori*, da estrita necessidade com que os atos procedem de um determinado caráter e de determinados motivos é um tal dado inestimável, só a partir do qual se pode chegar à solução da tarefa total. Portanto, tudo o que não tem uma certificação científica sólida deve ceder perante uma tal verdade bem fundamentada toda vez que se ponha no caminho desta, e não o contrário: e de modo algum essa verdade deve consentir em acomodações e restrições para se conciliar com afirmações infundadas e talvez até mesmo errôneas.

Permitam-me mais uma observação geral. Um olhar retrospectivo em nosso resultado dá ensejo para considerar que, em relação aos dois problemas que já foram descritos na seção anterior como os mais profundos na filosofia dos modernos, ainda que não claramente conhecidos para os antigos – a saber, o problema da liberdade da vontade e o da relação entre o ideal e o real –, o entendimento são, mas rude, não é apenas incompetente, mas tem até mesmo uma decidida inclinação natural para o erro, sendo necessária uma filosofia já bem desenvolvida para trazê-lo de volta. Pois para ele é verdadeiramente natural, no que concerne ao *conhecimento*, atribuir demasiado ao *objeto*; por isso, foram necessários Locke e Kant para mostrar quanto disso brota do *sujeito*. No que concerne ao *querer*, por outro lado, o entendimento tende a atribuir muito pouco ao *objeto* e demais ao *sujeito*, fazendo que ele emane inteiramente deste, sem adequadamente levar em conta o fator situado no *objeto*, os motivos, que realmente determinam a inteira constituição individual das ações, enquanto apenas o que é universal e essencial, a saber, seu caráter moral básico, emana do *sujeito*. Mas tal distorção nas investigações especulativas, natural ao entendimento, não deve nos surpreender, pois o entendimento é originariamente destinado apenas a fins práticos e, de forma nenhuma, especulativos.

Se, como resultado de nossa exposição até aqui, suprimimos por completo toda liberdade da ação humana e a reconhecemos como sujeita à mais estrita necessidade, agora fomos conduzidos ao ponto em que poderemos compreender a verdadeira *liberdade moral*, que é de um tipo superior.

Pois há mais um fato da consciência que desconsiderei completamente até agora, a fim de não perturbar o curso da investigação. Trata-se do perfeitamente claro e seguro sentimento de *responsabilidade* pelo que fazemos, de *imputabilidade* por nossas ações, baseado na certeza inabalável de que nós mesmos somos *os executores de nossos atos*. Em virtude dessa consciência, nunca ocorre a ninguém, nem mesmo a quem está plenamente convencido da necessidade com a qual nossas ações ocorrem como acima descrito, desculpar-se por uma transgressão por meio dessa necessidade e transferir a culpa de si mesmo para os motivos, pois, com a ocorrência destes, o ato foi inevitável. Pois tal indivíduo vê muito bem que essa necessidade tem uma condição *subjetiva*, e que aqui objetivamente, isto é, nas circunstâncias existentes, ou seja, sob a influência dos motivos que o determinaram, uma ação completamente diferente, sim, exatamente oposta à sua, era inteiramente possível e poderia ter acontecido *se ele tivesse sido outra pessoa*: tudo dependeu apenas disso. *Para ele*, porque ele é este e não outro, porque ele tem tal e tal caráter, nenhuma outra ação foi, de fato, possível; mas em si mesma, ou seja, objetivamente, ela era possível. Portanto, a *responsabilidade* da qual ele tem consciência diz respeito primária e ostensivamente ao ato, mas fundamentalmente ao *seu caráter*: é por *este* que ele se sente responsável. E é por *este* que os outros também o responsabilizam, pois o julgamento deles abandona imediatamente o ato para definir as características do autor: "é uma pessoa má, um vilão"; ou "é um canalha"; ou é "uma alma pequena, falsa, vil" – esse é o seu julgamento, e suas censuras remetem ao seu *caráter*. O ato, juntamente com o motivo, só entra em consideração aqui como testemunho do caráter do culpado, mas conta como um sintoma seguro dele, pelo qual ele será marcado irrevogavelmente e para sempre. Aristóteles, portanto, diz corretamente: ἐγκωμιάζομεν πράξαντας· τὰ δ'ἔργα σημεῖα τῆς ἕξεώς ἐστιν, ἐπεὶ ἐπαινοῖμεν ἂν καὶ μὴ πεπραγότα, εἰ πιστεύοιμεν εἶναι τοιοῦτον. – *Retórica*, I, 9. (Encomio celebramus eos, qui egerunt: opera autem signa habitus sunt; quoniam laudaremus etiam qui non egisset, si crederemus esse talem.) [Louvamos aqueles que fizeram algo: mas as obras são, de fato, sinais do hábito moral; por isso também louvaríamos aqueles que não o fizeram, se o crêssemos capaz disso.] Portanto, o ódio, a aversão e o desprezo são lançados não sobre o ato temporário, mas sobre as qualidades permanentes do executor, isto é, do caráter do qual eles surgiram. Portanto, em todas as línguas, os epítetos de maldade moral, os insultos que a designam, são predicados mais do *ser humano*, do que das ações. Eles se prendem ao *caráter*: pois este deve suportar a culpa, que lhe foi meramente atribuída por ocasião dos atos.

Onde está a *culpa*, ali também deve estar a *responsabilidade*: como esta é o único dado que permite inferir a liberdade moral, a *liberdade* também deve estar aí, isto é, no *caráter* do homem, e tanto mais quando estamos suficientemente convencidos de que ela não será encontrada imediatamente nas ações individuais que, sob o pressuposto do caráter, são estritamente necessárias. Mas o caráter, como mostrado na terceira seção, é inato e imutável.

Consideremos agora mais de perto a liberdade nesse sentido, o único para o qual dados estão disponíveis, a fim de que, depois de deduzi-la de um fato da consciência e encontrar seu lugar, também possamos compreendê-la filosoficamente até onde for possível.

Na terceira seção, havia sido mostrado que toda ação de um homem é produto de dois fatores: seu caráter e o motivo. Isso não significa de maneira alguma que ela seja um meio-termo, um compromisso, por assim dizer, entre motivo e caráter; pelo contrário, ela satisfaz plenamente a ambos, na medida em que, segundo toda a sua possibilidade, se apoia em ambos ao mesmo tempo, isto é, no fato de que o motivo atuante afeta esse caráter, e no de que esse caráter é determinável por tal motivo. O caráter é a constituição empiricamente reconhecida, persistente e imutável de uma vontade individual. Uma vez que esse caráter é um fator tão necessário em cada ação quanto o motivo, isso explica o sentimento de que nossos atos emanam de nós mesmos, ou aquele "Eu quero" que acompanha todas as nossas ações e em virtude do qual cada um deve reconhecê-las como *seus* atos, pelos quais, portanto, cada um se sente moralmente responsável. Este é, de novo, aquele "Eu quero, e quero sempre o que quero", encontrado acima na investigação da autoconsciência e que induz o entendimento rude a afirmar obstinadamente uma absoluta liberdade do fazer e do abster-se, um *liberum arbitrium indiferentiae*. Mas ele nada mais é do que a consciência do segundo fator da ação, que por si só seria completamente incapaz de produzi-la e que, por outro lado, quando o motivo se apresenta, é igualmente incapaz de refreá-la. Mas só quando é posto em atividade dessa maneira é que o caráter revela sua própria constituição à faculdade cognitiva, que, essencialmente dirigida para fora, não para dentro, chega a conhecer até mesmo a constituição de sua própria vontade empiricamente, a partir de suas ações. Esse conhecimento mais próximo e cada vez mais íntimo é, na verdade, o que se chama *consciência moral*, que por isso mesmo se faz ouvir *diretamente* apenas *após* a ação; antes dela, ela se faz ouvir, no máximo, apenas *indiretamente*, na medida em que, talvez por meio da reflexão e retrospecção de casos semelhantes sobre os quais ela já se esclareceu, é levada em conta em deliberação como algo que intervirá no futuro.

Aqui é o lugar para relembrar a exposição (já mencionada na seção anterior) que Kant fez sobre relação entre o caráter empírico e inteligível e, com isso, sobre a compatibilidade da liberdade com a necessidade, e que é uma das coisas mais belas e profundamente pensadas que esse grande espírito, e até mesmo a humanidade, já produziu. Só preciso me referir a ela, pois seria uma supérflua prolixidade repeti-la aqui. Mas só a partir dela podemos compreender, na medida em que os poderes humanos são capazes, como a estrita necessidade de nossas ações coexiste com aquela liberdade testemunhada pelo sentimento de responsabilidade, e em virtude da qual somos os executores de nossos atos e estes são moralmente atribuíveis a nós. – Essa relação entre o caráter empírico e o inteligível apresentada por Kant repousa inteiramente no que constitui o traço básico de toda a sua filosofia, a saber, na distinção entre fenômenos e coisa em si: e assim como, em Kant, a perfeita *realidade empírica* do mundo da experiência coexiste com sua *idealidade transcendental*, do mesmo modo a estrita *necessidade empírica* do agir coexiste com sua *liberdade transcendental*. Pois enquanto objeto da experiência, o caráter empírico, tal como a totalidade do ser humano, é mero fenômeno, e, portanto, está ligado às formas de todo fenômeno, tempo, espaço e causalidade, e sujeito às suas leis; por outro lado, a condição e o fundamento de todo esse fenômeno, como coisa em si independente dessas formas e, portanto, não sujeita a nenhuma diferença de tempo e, assim, persistente e imutável é o *caráter inteligível*, isto é, a vontade como coisa em si, à qual, nessa qualidade, também pertence a liberdade absoluta, ou seja, a independência da lei da causalidade (a qual é mera forma dos fenômenos). Mas esta liberdade é *transcendental*, isto é, não ocorre no fenômeno, mas está presente apenas na medida em que abstraímos do fenômeno e de todas as suas formas para chegar ao que, fora de todo o tempo, deve ser pensado como a essência interna do ser humano em si mesmo. Em virtude dessa liberdade, todos os atos do ser humano são sua própria obra, por mais necessariamente que surjam do caráter empírico em sua confluência com os motivos; porque esse caráter empírico é apenas o fenômeno do caráter inteligível em nossa *faculdade do conhecimento*, ligada ao tempo, ao espaço e à causalidade, ou seja, é a maneira em que a essência em si de nosso próprio eu se apresenta a essa faculdade cognoscitiva. Portanto, a *vontade* é, de fato, livre, mas somente em si mesma e fora do fenômeno: neste, por outro lado, ela já se apresenta com um caráter determinado, ao qual todos os seus atos devem corresponder e, portanto, quando determinadas com mais precisão pelos motivos ocorrentes, devem resultar *desse modo* e não de outro.

Esse caminho, como é fácil de ver, nos leva a buscar a obra de nossa *liberdade* não mais em nossas ações individuais, como faz a visão comum, mas em toda a existência e a essência (*existentia et essentia*) do ser humano mesmo, que devem ser pensadas como seu ato livre, o qual meramente se apresenta à faculdade cognoscitiva – ligada ao tempo, ao espaço e à causalidade – numa multiplicidade e diversidade de ações. No entanto, essas ações, justamente pela unidade originária do que se apresenta nelas, devem portar, todas, exatamente o mesmo caráter e, portanto, aparecer como estritamente necessitadas pelos motivos pelos quais são evocadas e individualmente determinadas a cada ocasião. Por conseguinte, para o mundo da experiência, o *operari sequitur esse* se aplica sem exceção. Cada coisa atua de acordo com sua constituição; e seu atuar, subsequente às causas, manifesta essa constituição. Todo ser humano atua como ele é, e a ação necessária correspondente é a cada vez determinada, no caso individual, apenas pelos motivos. A liberdade, que, portanto, não pode ser encontrada no *operari*, *deve residir* no *esse*. Tem sido um erro fundamental de todos os tempos, um ὕστερον πρότερον, atribuir necessidade ao *esse* e liberdade ao *operari*. Pelo contrário, a *liberdade se encontra apenas no esse*; mas a partir dele e dos motivos se segue necessariamente o *operari*: e *no que fazemos conhecemos o que somos*. No *esse*, e não no suposto *libero arbitrio indifferentiae*, repousam a consciência da responsabilidade e a tendência moral da vida. Tudo depende do que alguém é: o que ele *faz* emergirá disso por si mesmo, como corolário necessário. A consciência da autonomia e originalidade que inegavelmente acompanha todos os nossos atos, apesar de sua dependência dos motivos, e em virtude da qual elas são *nossas* ações, não é enganosa: mas seu verdadeiro conteúdo se estende além dos atos e começa mais acima, na medida em que aí estão compreendidas nossa existência e essência mesmas, das quais todos os atos (por ocasião dos motivos) necessariamente procedem. Nesse sentido, essa consciência de autonomia e originalidade, bem como a de responsabilidade, que acompanha nosso fazer, pode ser comparada a uma seta apontando para um objeto mais distante do que aquele que está mais próximo na mesma direção e que a seta parece apontar.

Em suma: o ser humano faz sempre o que quer, mas o faz necessariamente. Mas isso porque ele é o que *quer*: pois tudo o que ele faz sempre decorre necessariamente do que ele é. Se consideramos seu fazer objetivamente, ou seja, de fora, reconhecemos apoditicamente que ele, como o atuar de todo ser natural, deve estar sujeito à lei da causalidade em seu total rigor: subjetivamente, por outro lado, cada um sente que sempre faz apenas o que quer. Mas isso significa apenas que seu atuar é a pura expressão de sua própria essência. Portanto, todo ser natural sentiria o mesmo, até mesmo o mais ínfimo, se pudesse sentir.

A liberdade, portanto, não é suprimida por minha exposição, mas apenas movida para fora, ou seja, para fora da área de ações individuais, onde comprovadamente não será encontrada, para uma região superior, mas não tão facilmente acessível ao nosso conhecimento: isto é, ela é transcendental. E este é também o sentido em que eu gostaria de entender a afirmação de Malebranche, *La liberté est un mystère*, sob cuja égide o presente tratado tentou resolver a tarefa proposta pela Real Sociedade.

Apêndice
Como complemento da primeira seção

Em consequência da divisão da liberdade em física, intelectual e moral estabelecida no início, tenho agora, depois que a primeira e a última foram tratadas, de elucidar a segunda, o que será feito brevemente, apenas por uma questão de completude.

O intelecto, ou faculdade do conhecimento, é o *meio dos motivos*, pelo qual estes agem sobre a vontade, a qual é o verdadeiro núcleo do ser humano. Somente na medida em que esse meio dos motivos se encontra em um estado normal, desempenha suas funções corretamente e, portanto, apresenta à vontade os motivos inadulterados para que eleja, tal como eles existem no mundo exterior real, pode ela decidir de acordo com sua natureza, isto é, segundo o caráter individual do homem, isto é, pode se exprimir sem impedimentos, de acordo com sua própria essência. Então o homem é *intelectualmente livre*, isto é, suas ações são o puro resultado da reação de sua vontade a motivos que se acham no mundo exterior para ele, bem como para todos os outros. Por conseguinte, suas ações lhe são imputáveis moralmente e também juridicamente. Essa liberdade intelectual é suprimida ou porque o meio dos motivos, a faculdade do conhecimento, é permanentemente ou apenas temporariamente destruída, ou porque as circunstâncias externas falseiam a compreensão dos motivos, em casos individuais. O primeiro caso é o da loucura, do delírio, do paroxismo e da sonolência; o último é o do erro claro e sem culpa própria, por exemplo, se alguém toma veneno em vez de remédio, ou confunde o servo que entra à noite com um ladrão e atira nele etc. Pois em ambos os casos os motivos são falseados, e por isso a vontade não pode decidir como decidiria perante as circunstâncias presentes se o intelecto as transmitisse corretamente. Os crimes cometidos em tais circunstâncias não são, portanto, puníveis por lei. Pois as leis partem da premissa correta de que a vontade não é moralmente livre, caso em que não seria possível *dirigi*-la, mas sim que está sujeita à necessidade por meio dos motivos: por conseguinte, as leis buscam contrapor a quaisquer possíveis motivos para o crime contramotivos mais fortes nas ameaças de punições; e um código penal nada mais é do que uma lista de contramotivos para ações criminosas. No entanto, se o intelecto, por meio do qual esses contramotivos deviam atuar, mostrou-se incapaz de apreendê-los e apresentá-los à vontade, a atuação destes foi impossível: eles não estavam disponíveis para a vontade. É como quando descobrimos que um dos fios que deviam fazer uma máquina se mover se rompeu. Nesse caso, portanto, a culpa passa da vontade ao intelecto, que, porém, não está sujeito a nenhuma punição, pois as leis, como a moral, têm a ver apenas com a vontade. Só ela é o ser humano genuíno: o intelecto é apenas seu órgão, sua antena para o exterior, isto é, o meio pelo qual os motivos atuam sobre ela.

Tais atos também não são *moralmente* imputáveis. Pois eles não são um traço do caráter do homem: ou ele fez algo diferente do que pensava estar fazendo, ou foi incapaz de pensar no que deveria tê-lo refreado, isto é, foi incapaz de admitir os contramotivos. É como quando uma substância a ser examinada quimicamente é exposta à ação de vários reagentes, para que se possa ver com qual ela tem afinidade mais forte: se, após a realização do experimento, se descobre que, devido a um impedimento acidental, um dos reagentes não pôde exercer sua ação, então o experimento é inválido.

A liberdade intelectual, que aqui consideramos completamente suprimida, também pode ser meramente *diminuída* ou parcialmente suprimida. Isso acontece especialmente pelo afeto e pela embriaguez. O *afeto* é a excitação súbita e violenta da vontade por uma representação que penetra desde fora e se torna um motivo, que tem tal vivacidade que obscurece todas as outras que poderiam ter atuado nela como contramotivos, e não permite que elas cheguem claramente à consciência. Estas últimas representações – que em sua maioria são apenas de natureza abstrata, meros pensamentos, enquanto aquela primeira é intuitiva e presente – não chegam, por assim dizer, a disparar e, portanto, não têm o que se chama *fair play*: o ato já ocorreu antes que elas pudessem atuar no sentido contrário. É como quando, num duelo, uma pessoa atira antes da palavra de comando. Portanto, também aqui, a responsabilidade jurídica e moral, dependendo da natureza das circunstâncias, é em maior ou menor grau suprimida. Na Inglaterra, um assassinato cometido com toda precipitação e sem a mínima reflexão, na ira mais violenta e repentinamente despertada, é chamado de *manslaughter* e é punido levemente, às vezes nem o é. – A *embriaguez* é uma condição que predispõe aos afetos, na medida em que aumenta a vivacidade das representações intuitivas, ao mesmo tempo em que enfraquece o pensamento abstrato e, nesse processo, aumenta a energia da vontade. No lugar da responsabilidade pelos atos, entra a responsabilidade pela própria embriaguez: portanto, ela não é juridicamente desculpada, embora a liberdade intelectual tenha sido parcialmente suprimida aqui.

Aristóteles já fala dessa liberdade intelectual, τὸ ἑκούσιον καὶ ἀκούσιον κατὰ διάνοιαν [o voluntário e o involuntário de acordo com o pensamento], ainda que de maneira muito breve e insuficiente, na *Ethic. Eudem* II, c. 7 e 9, e, de uma maneira mais completa, na *Ethic. Nicom.*, III, c. 2. – Faz-se referência a ela quando a *medicina forensis* e o sistema de justiça criminal questionam se um criminoso estava em estado de liberdade e se era, consequentemente, imputável.

Em geral, portanto, devem ser vistos como cometidos na ausência de liberdade intelectual todos os crimes em que a pessoa ou não sabia o que estava fazendo, ou não foi absolutamente capaz de levar em conta o que deveria tê-la detido, ou seja, as consequências do ato. Nesses casos, tal pessoa consequentemente não deve ser punida.

Por outro lado, aqueles que pensam que, simplesmente pela inexistência de liberdade *moral* e a consequente inevitabilidade de todas as ações de uma dada pessoa, nenhum criminoso deve ser punido, partem da visão equivocada de punição, segundo a qual ela é uma pena pelos crimes por si mesmos, uma retribuição do mal com o mal devido a razões morais. Mas tal coisa, mesmo que Kant a tenha ensinado, seria absurda, inútil e inteiramente injustificada. Pois como um homem seria autorizado a se erigir como juiz absoluto dos outros do ponto de vista moral e, como tal, atormentá-lo por causa de seus erros! Pelo contrário, a lei, isto é, a ameaça de punição, tem a finalidade de ser o contramotivo para o crime ainda não cometido. Se a lei não produz esse efeito num caso particular, ela deve ser executada, porque senão também fracassaria em todos os casos futuros. Por sua vez, o criminoso, neste caso, realmente sofre a punição como consequência de sua constituição moral, que – em conjunto com as circunstâncias que foram os motivos e com seu intelecto, que o iludiu com a esperança de escapar da punição – inevitavelmente produziu o ato. Aqui, ele só poderia sofrer injustiça se seu caráter moral não fosse sua própria obra, seu ato inteligível, mas obra de outro. A mesma relação do ato com sua consequência ocorre quando as consequências de seu fazer vicioso não ocorrem de acordo com as leis humanas, mas de acordo com leis da natureza, por exemplo, quando excessos de devassidão provocam doenças terríveis, ou também quando, ao tentar um roubo, é vítima de um acidente; por exemplo, se no chiqueiro que ele invade durante a noite para levar embora seus ocupantes habituais, ele encontra em seu lugar um urso, cujo domador se alojou nesta estalagem ao anoitecer, e que avança ao seu encontro de braços abertos.

Judicium

Regiae Danicae Scientiarum Societatis

Quaestionem anno 1837 propositam, utrum philosophiae moralis fons et fundamentum in idea moralitatis, quae immediate conscientia contineatur, et ceteris notionibus fundamentalibus, quae ex illa prodeant, explicandis quaerenda sint, an in alio cognoscendi principio, unus tantum scriptor explicare conatus est, cujus commentationem, germanico sermone compositam et his verbis notatam: Moral predigen ist leicht, Moral begründen ist[19] schwer ["Pregar a moral é fácil, fundamentar a moral é difícil"] *praemio dignam judicare nequivimus. Omisso enim eo, quod potissimum postulabatur, hoc expeti putavit, ut principium aliquod ethicae conderetur, itaque eam partem commentationis suae, in qua principii ethicae a se propositi et metaphysicae suae nexum exponit, appendicis loco habuit, in qua plus quam postulatum esset praestaret, quum*

---

19. Este segundo "é" foi acrescentado pela Academia por conta própria, a fim de fornecer uma prova da doutrina de Longino (*de sublim.*, c. 39) segundo a qual, adicionando ou subtraindo *uma* sílaba, pode-se aniquilar toda a energia de uma frase.

tamen ipsum thema ejusmodi disputationem flagitaret, in qua vel praecipuo loco metaphysicae et ethicae nexus consideraretur. Quod autem scriptor in sympathia fundamentum ethicae constituere conatus est, neque ipsa disserendi forma nobis satisfecit, neque reapse, hoc fundamentum sufficere, evicit; quin ipse contra esse confiteri coactus est. Neque reticendum videtur, plures recentioris aetatis summos philosophos tam indecenter commemorari, ut justam et gravem offensionem habeat.

[À questão proposta no ano de 1837: "A fonte e o fundamento da filosofia moral se encontram numa ideia de moralidade que está imediatamente contida na consciência, e na análise de outras noções fundamentais que dela decorrem, ou em outro princípio de conhecimento?, um único escritor tentou uma resposta, cujo comentário, redigido em língua alemã e marcado com estas palavras: "Pregar a moral é fácil, fundar a moral é difícil", não pudemos julgar merecedor do prêmio. Tendo omitido o mais importante que era pedido, ele pensou que a tarefa era estabelecer algum princípio de ética, de modo que colocou a parte de seu ensaio onde expõe a conexão entre o princípio ético proposto por ele e sua metafísica em um apêndice, no qual ofereceu mais do que era exigido, enquanto o tema em si exigia o tipo de investigação em que a conexão entre metafísica e ética teria sido considerada em lugar precípuo. Mas quando o escritor tentou mostrar que a base da ética consiste na compaixão, ele nem nos satisfez com a forma de seu ensaio, nem de fato provou que essa base é suficiente; em vez disso, foi forçado a admitir o contrário. Também não se deve deixar de mencionar que vários sumos filósofos dos últimos tempos são citados de maneira tão indecente que provoca justa e grave ofensa.]

Conecte-se conosco:

 facebook.com/editoravozes

 @editoravozes

 @editora_vozes

 youtube.com/editoravozes

 +55 24 2233-9033

www.vozes.com.br

Conheça nossas lojas:

www.livrariavozes.com.br

Belo Horizonte – Brasília – Campinas – Cuiabá – Curitiba
Fortaleza – Juiz de Fora – Petrópolis – Recife – São Paulo

EDITORA VOZES LTDA.
Rua Frei Luís, 100 – Centro – Cep 25689-900 – Petrópolis, RJ
Tel.: (24) 2233-9000 – E-mail: vendas@vozes.com.br